CB040590

Augusto&Lea

José Carlos Sebe B. Meihy

Augusto&Lea

um caso de (des)amor em tempos modernos

Sergio Kon
ilustrações

Copyright © José Carlos Sebe Bom Meihy

Todos os direitos desta edição reservados à
Editora Contexto (Editora Pinsky Ltda.)

Capa e ilustrações: Sergio Kon
Revisão: Lilian Aquino e Ruy Azevedo
Projeto gráfico e diagramação: Sergio Kon

Dados Internacionais de Catalogação na Publicação (CIP)
(Câmara Brasileira do Livro, SP, Brasil)

Meihy, José Carlos Sebe B.
  Augusto e Lea : um caso de (des)amor em tempos
modernos / José Carlos Sebe B. Meihy. – São Paulo :
Contexto, 2006.

  ISBN 85-7244-329-0

  1. Entrevistas 2. Família 3. História oral
  I. Título. II. Título: Um caso de (des)amor em
tempos modernos.

06-2338   CDD-302.2242

Índices para catálogo sistemático:

  1. Estudo de caso : Famílias : História oral   302.2242
  2. Famílias : Estudo de caso : História oral   302.2242

EDITORA CONTEXTO
Diretor editorial: Jaime Pinsky

Rua Acopiara, 199, Alto da Lapa
05083-110 São Paulo SP
pabx (11) 3832-5838
contexto@editoracontexto.com.br
www.editoracontexto.com.br

2006

Proibida a reprodução total ou parcial.
Os infratores serão processados na forma da lei.

*Com a ternura remoçada
por anos de convívio,
esta página não fica
em branco por causa de:
Juliano, Luis, Maria,
Rodrigo, Fabio, Suzana,
Luis Filipe, Márcia,
Andréia Paula, Fabiano,
Glauber, Janes, Erik,
todos fundadores do
Núcleo de Estudos
em História Oral
(NEHO-USP).*

Sumário

Quase apresentação   9

Um caso de (des)amor em tempos modernos

Oito histórias   15

Projeto e pesquisa

A história do projeto   121

A construção do texto   129

E agora?
A pretexto de conclusão conciliadora   165

O autor   173

Limites da narrativa
Uma experiência em história oral

Até onde a pesquisa acadêmica revela um drama?
Jornalismo, Literatura, Ciências sociais compreendem
questões comuns?
Ou é chegada a hora de ensaiar outros experimentos formais?
E os parâmetros conhecidos dão conta da intimidade da vida cotidiana?
Micro-história x História? Literatura?
Ou a ficção supre os lapsos do conhecimento humanístico?
Deve-se delegar às novas gerações o dever de pensar o tempo presente?
Afinal, qual o papel da história oral *na contemporaneidade?*
História oral *e Ciências sociais ou* história oral *e ficção?*
Enfim, analiticamente, onde cabe o amor ou desamor
em tempos modernos?

Quase apresentação

> *"A vida é um obscuro advérbio de tempo."*
> Abgar Renaut

A série de histórias que segue é resultado de diversos encontros que mantive com os participantes de uma contundente aventura familiar. A delicadeza da situação convocava o dever de revelar um conjunto de falas vazadas com forte teor dramático, que, contudo, algumas vezes ganhava o contorno contrastante entre a ira e a ternura, entre o viso da solidariedade e a dureza do julgamento. Houve também o registro de ressentimentos que dialogavam com orientações terapêuticas, tudo, porém, movido pela dinâmica da vida doméstica sintetizada em um grupo parental que comprometia valores morais e estruturas da sociedade como um todo. Ainda que nem todas as entrevistas aqui contidas tivessem acontecido na casa que serviu de cenário para a situação geral, ela foi sempre evocada como o ponto de unidade, uma espécie de palco para representações que discutiam a persistência de valores e suas alterações no tempo presente. Casa, portanto, estranho cenário da trama e da dissolução dos laços atados por uma família que se fez na junção do capital e do trabalho, das alianças entre a elite e os grupos subalternos. As costuras da história alinhavaram vidas que, contudo, se questionam em face da fatalidade do futuro.

Os rumos do projeto da família Fonseca – que teve o nome trocado a fim de evitar identificação – foram talhados por sinais da modernidade urbana de uma metrópole em transformações. A cidade, exatamente o espaço definidor da família que opera no ramo da construção civil, serviu de ambiente para dramas que se perderiam no silêncio das multidões de outras experiências que, porém, em essência respondem pela dinâmica das mudanças. Em sentido duplo, a construção e a destruição serviram de metáfora sinistra para demonstrar os movimentos exigidos pela adequação de modos conservadores e os desafios dos novos tempos. A ordem das narrativas, basicamente, seguiu a orientação dada por Augusto, o personagem pai, deflagrador dessa trama. De certa forma, a seqüência das histórias foi feita segundo a exposição mantida, ainda que em casos de entrevistas múltiplas ocorressem intermitências entre uma e outra pessoa.

Um dos pontos mais perturbadores dessa série de histórias de vida é o paradoxo entre a decisão das pessoas em participar contando sua experiência e o fato de fazê-lo mantendo uma espécie de autocrítica ou censura por se verem expostos a uma situação de eventual publicidade. Entre o privado e o público, entre o segredo e sua divulgação, situavam-se os embates entre o velho e o novo. Foi, no fundo, a força da história conjunta que determinou a conduta participativa de todos e fez com que se integrassem na construção de uma narrativa que lhes servia como espelho para a devolução da própria imagem em um jogo de relações renovado. O acerto de contas entre o passado e o desafio do futuro constituiram num instante de incertezas, mas a inviabilidade de se manter na cadência do passado os impelia à narrativa que, em conjunto, refletia o peso da circunstância histórica na vida comunitária. E ninguém sairia impune de uma experiência tão contundente. O tempo das histórias, portanto, mostrou-se capaz de descrever em conjunto uma aventura que teria, na dinâmica do porvir iminente e implacável, os resultados que deixavam de ser particulares, pessoais, secretos. A memória, assim, mostrava mais do que os mecanismos de sua construção, as fronteiras que suportariam reacomodações capazes de forjar identidades grupais mais definidas. E, nesse sentido, a imperiosidade de definições ante o futuro imediato fazia com que o resultado deixasse de ser um exercício de memória ou percepção individuais e ganhasse os contornos desejáveis de uma trama parental que, por sua vez, apenas faria sentido se inscrita em processos mais amplos, urbanos, culturais. A justificação dos dramas vividos em uma casa de família se explicaria pelo seu papel na cidade. A cidade imersa na cultura nacional, por sua vez, daria sentido aos preconceitos, às pressões sociais, alternativas geradas por um fator que mexeria nos cofres bem guardados da tradição.

Em termos gerais, a história que resultou foi uma combinação de fragmentos que ganham sentido na reunião das diversas visões que se reintegram e se projetam em outro espaço psicológico e material. Em termos pessoais, sendo eu o ouvinte de todos, aprendi a força das mensagens enviadas de uns para outros e notei que, ao me tornar "registrador", fui visto como um caderno em branco no qual as pessoas escreviam suas experiências como quem, de um certo jeito, acertava conta com uma história que, afinal, não era apenas só deles, mas sim de um mundo urbano em mudanças aceleradas.

Um caso de (des)amor
em tempos modernos

Oito histórias

1.

Numerosos: foram 21 encontros feitos com Lea. Difíceis todos. Algumas vezes não conseguimos avançar devido o estado emocional ou de saúde. A solução, nesses casos, foi gravar frases soltas, trabalhá-las em separado e repeti-las no retorno e, nessas ocasiões, proceder a leituras e propor continuidades sempre, contudo, na medida do possível. Houve também dias de maiores progressos e, então, conseguíamos rever tudo e adiantar bastante. O tema do ódio foi muito presente e da mesma forma a questão da vingança. Ao contrário do que pensava, a entrevista animou bastante a narradora, que em determinado ponto se mostrava interessada em fazer pública sua história como se fosse um aviso para outras mulheres e famílias.

Lea morreu três anos depois do nosso primeiro encontro. Com sua morte, a família se dividiu ainda mais e a casa perdeu o sentido de espaço de integração. Soube que foi vendida mais tarde e o dinheiro repartido entre os herdeiros.

O sentimento mais vivo que tenho é de ódio

Meu nome é Lea. Apesar de ser um nome curto, em casa me chamam de Lé... às vezes Lézinha dependendo do grau de intimidade. Conto 49 anos... 49, quase 50. Planejo no dia chegar lá, comemorar não um simples 50 anos, mas sim "meio século"... "meio século" é mais nobre do que dizer "tenho 50 anos". Farei isso "se" chegar lá... "se"... Sinto um certo conforto em pensar em medir o tempo de vida por "séculos" e não só pela soma de alguns anos... "meio século"... até parece que vivi bastante...

Sou aidética... desenvolvi a doença... Quero dizer a-i-d-é-t-i-c-a, a-i-dé-ti-ca, com todas as letras, sílabas e significados. Nada dessa história de soropositivo, hiv positivado. Aidética e pronto. Contraí o vírus do meu marido, Augusto. Isso é triste demais. Demais... Não foi azar, não... foi desgraça. Desgraça dupla, pois nós já não tínhamos contato físico há muito tempo... Coisas do casamento! Coisas de um casamento que se desgastou tão lentamente que nem notei... Nos casamos há 27 anos. Ficamos juntos 26 e meio, até aparecer entre nós o vírus. Posso dizer que ficamos "juntos até que o vírus nos separou". Caso pudesse ser mais irônica diria "até que a presença da morte nos separou". Sim, me sinto meio morta... mais morta que viva... Viva por insistência, masoquismo, ódio, sede de vingança e, talvez, preguiça ou medo de morrer... Sei lá por que eu deixo a vida continuar assim. É muito difícil ser vista como uma "paciente terminal". Às vezes, sinto que poderia servir de modelo para uma dessas propagandas horríveis, na TV, de alerta contra a aids: meu retrato seria uma mostra convincente, não? Até vejo um letreiro tétrico numa dessas propagandas: AIDS *mata* e eu estampada sobre um fundo preto... eu mais morta que viva... a-i-dé-ti-ca.

Estou magra, sem carnes, com esta tosse interminável e que amedronta todos... passo horas e horas no banheiro, me virando pelo avesso... o que posso achar da vida? Vivo pensando na morte, sou o espelho dela... Acho que ela será boa companhia para mim, apesar de temer a passagem desta para outra. Pelo menos vai acabar tanto sofrimento. Sinceramente, não agüento mais!...

Minha vida hoje está limitada a saber se acordei um pouco melhor do que dormi e prever quais as complicações que me acontecerão. Sinto-me exausta o dia inteiro: respiração curta, sem força nenhuma, sem voz, sem vontade de nada, com náusea. Tenho muito sono e nunca quero ver ninguém... é só remédio, remédio, remédio... tudo está tão ruim que não são as horas que marcam o remédio, e sim os remédios que marcam as horas. Existe um fator que me mantém de pé: a briga pela divisão dos bens da família, aliás, esta é a minha diversão única. No mais é ver a preocupação dos filhos, que, coitados, nada podem fazer, pois cada um tem sua família para cuidar e, por mais que se esforcem, é horrível vê-los entrar aqui, na casa onde cresceram, colocando as máscaras para me visitar... vê-los tomar cuidados, se lavando para sair e não contaminar os filhos me dói muito... Meus netos... nem meus dois netinhos posso ver... Certamente o inferno não é pior do que isto... não pode ser... não mesmo!...

Muitas vezes pensei em me matar. Li outro dia em uma revista que há épocas em que o número de suicídios de contaminados pelo vírus do hiv e de aidéticos que já desenvolveram a doença é tanto que tem até uma classificação de epidemia como causa deste tipo de morte provocada. Parece que houve um tempo em que chegou a ser 22% da causa de suicídios de adultos doentes em geral. Há algum tempo, me concentrei tanto na idéia de suicídio que cheguei a imaginar o local, a forma, a hora... até a carta eu pensei em como seria e para quem enviaria... mentalmente esbocei umas linhas... mentalmente... Depois, parece que acordei de um sonho louco e desisti. Mas é uma coisa que vai e volta, vai e volta... Quando vejo como estou dependente das duas enfermeiras e da empregada, dos médicos, dos remédios e de tudo mais, sinceramente, sinto vontade de pôr fim a isto tudo... As enfermeiras são boas, mas são profissionais. Sei que elas gostam de mim, mas na hora de ir embora elas têm que ir... fico aflita quando alguma delas se atrasa e eu tenho que ficar sozinha: quase entro em pânico... A empregada está aqui faz uns 25 anos... sempre fomos amigas e nos demos bem, sempre, mas agora... agora sinto que ela está cansada e que não tem o mesmo carinho, a mesma paciência de antes. Às vezes, acho que ela me tortura um pouco: quando peço alguma coisa, percebo que ela demora mais do que o necessário para trazer e não é por preguiça, acho que ela sabe que eu não posso pegar e, assim, me faz dependente dela... Sofro muito com isso.

Quando penso na aids, me vem à cabeça a idéia bíblica de pestes e de castigos. Vejo a imagem de uma multidão de desgraçados se arrastando longe das comunidades de origem, pessoas que pagam algum pecado danado. É isso!... é uma maldição que, no meu caso, não sei por que devo padecer... Talvez haja alguma razão... É lógico que já me perguntei, mil vezes: *por que eu?... o que fiz de tão errado em minha vida para merecer isso?...*

Seria injusto dizer que os amigos todos sumiram. Alguns sumiram logo que souberam ou suspeitaram da doença, outros foram sumindo aos poucos depois de achar que era melhor para todos que ficássemos longe... mas, eu também sumi. Apenas, entre tantas, permaneceu uma amiga, mais que isso: irmã de caminhada desde o tempo do colégio, do Sion... Sinto que ela está desanimada comigo, mas tenho certeza de que é a pessoa mais próxima que tenho... Evito todo mundo e faço isso por ver o pavor e o medo estampado no rosto das pessoas. Você acha que dá para me apresentar publicamente assim? Não tenho ânimo para me cuidar. Não tinjo o cabelo faz muito tempo, nem as unhas faço mais, nem me pinto ou compro roupas novas... tenho medo de olhar no espelho... medo de me ver sem muito cabelo... Sempre me vem à cabeça o versinho daquela poeta, acho que da Cecília Meireles, em que ela se pergunta: *em que espelho ficou perdida a minha face...*

Fugi de todo mundo. As únicas pessoas que me dão alegria ver são meus dois filhos, a Martha, essa minha amiga, e o pessoal da igreja messiânica que vem aqui em casa a cada 15 dias... mais ninguém... ninguém... ninguém... Acho graça da campanha de "solidariedade" que anda por aí... a solidariedade é impossível neste caso. Impossível e improvável. Tenho impressão de que as pessoas confundem solidariedade com piedade. Isso sim é real, as pessoas têm piedade de nós. Sabe, eu me sinto tão cansada que nem ligo para isso: para que vou querer pessoas solidárias? Diga, para quê?...

Só saio de casa para ir à clínica. Quando pioro muito vou para lá. Já fui internada quatro vezes. É uma parada... Chego lá um trapo, quase sempre ardendo de febre, delirando e pronta para qualquer coisa... até para morrer. Apesar de tudo, gosto da clínica, sabe? O lugar é lindo, longe da cidade, até parece que é uma preparação para a outra vida. Gostaria de morrer lá... seria muito triste morrer aqui nesta casa. Quando vou à clínica, gosto de pensar que estou de férias, pelo menos por uns dias... é ilusório, é claro, mas é um lugar diferente, mudam os enfermeiros, vejo pessoas novas e revejo alguns conhecidos e sinto que dou folga para o pessoal de casa. O problema é que quando vou para lá estou tão fraca, tão debilitada que durmo muito... Além do mais, a febre sempre me faz lembrar que não se trata de férias, não...

Durmo muito... meu corpo não agüenta mais nada... Quando tenho muita febre sinto que deliro e tenho sonhos estranhos. Sonho sempre que estou em algum lugar sem cenário, sem dimensão e sozinha... Parece que, todas as vezes, eu estou indo para algum lugar, um espaço, desconhecido, como se fosse para o infinito, branco, branco e sem fim, e que não há retorno, não há tempo, não há chão. É engraçado, mas vou tranqüila... Há poucos movimentos nesses sonhos... poucos gestos... vejo-me vestida de linho ou de roupas leves e claras, com a aparência de antes, nada com o agora... Um dia sonhei que estava alegre e que me preparava para visitar alguém, talvez minha mãe, não sei... estava tão feliz!... nesse sonho havia um pouco de flor e acho até que senti o perfume... engraçado as flores eram coloridas! Sempre que sonho alguma coisa boa é de manhã, mas aí logo acordo... Um dia desses, eu estava muito triste, mas acordei com um pressentimento bom: vi como se a realidade virasse um sonho, uma cena em que minha mãe, que gostava muito de ocultar a idade, já velhinha dizia "minha filha, eu tenho 35 anos"... na realidade ela tinha perto de 65. Sabe, esse sonho da viagem e eu de roupa clara, quase voando, se repete muito... é como se continuasse. Acho que um dia ele vai deixar de ser sonho e virar realidade... Bem que eu podia morrer dormindo...

Uma das piores coisas da doença é a hora do banho... é quando me sinto mais frágil, mais dependente e vejo nos olhos das pessoas a dificuldade do ritual... É muito desagradável para todo mundo. Há outras dificuldades: tenho que usar "fraldão" e isso é triste demais... Depois que me limpam, sinto muito sono e é comum acordar e ter de começar tudo de novo por causa da diarréia...

Não espero nada do futuro. Nada... Os remédios me fazem mal e não dá para pensar em cura... cheguei tarde demais para o "coquetel"... "Coquetel", hum!, palavra estranha: "coquetel"... Aliás, para ser sincera, acho que estou tão ruim que nem os médicos se animam em falar muito no assunto. Outro dia, ouvi o dr. Ariovaldo conversando com o meu filho, falando sobre as minhas chances... mas, nem precisava porque a gente sabe que quando a doença chega, na minha idade, com as transformações do corpo feminino acontecendo junto com a infecção, tudo fica mais complicado. Os hormônios se alteram e os efeitos da menopausa se misturam com os sintomas da doença... tive muito azar...

Não tenho ânimo para nada! Veja que estas entrevistas são exaustivas e até agradeço a sua paciência, pois às vezes nem dá para conversar... Você vem aqui, falamos pouco, eu até que gosto, pois acho que minha experiência pode ajudar os outros, principalmente as mulheres inocentes, que, como eu, não conhecem os maridos que têm... Outro dia li que um escritor, acho que Oscar Wilde, disse que experiência é o acúmulo de erros que a gente junta ao longo da vida... Você vem aqui, conversamos um pouco e logo fico querendo dormir e que você vá embora. Nem sei se é só pelo cansaço... é que falar de mim provoca consciência de minha realidade e me sinto uma derrotada... Às vezes quando as pessoas começam a falar comigo tenho vontade de que elas parem e que vão embora. Contudo, com esta história de contar a vida, estou vendo que tenho alguma coisa para dizer e gostaria de falar... Fala-se muito sobre aids, sobre aceitação pública da doença, sobre direitos etc... tudo isso é fundamental, sei disso muito bem, porém, o que se diz da mulher que foi contaminada pelo próprio marido?... Estou muito doente... muito mesmo, se tivesse mais um fiozinho de força iria começar algo, uma campanha ou uma luta em favor dessas "vítimas do lar"...

Não tenho medo da vida eterna, só não gosto de pensar a passagem de um lado para o outro. O sentimento mais vivo que tenho é de ódio. Não ódio da doença. Ódio do Augusto, do meu marido... Ódio, ódio profundo, todo ódio do mundo, uma coisa muito feia: ódio... Outro dia, estava na clínica conversando com a psicóloga que faz trabalho com os internos e que me acompanha e ela disse que era muito bom eu ter ódio. Fiquei espantada, mas ela garantiu que era uma maneira de reagir contra quem me contaminou... Acho que ela está certa. Tenho revisto uma série de valores que me impuseram durante a vida toda. Fui sempre muito cristã, certinha, menina boa porque muito reprimida. Sempre me ditaram normas de conduta, conceitos que no fundo eram preconceitos domesticadores da minha liberdade... não que tenha deixado de ser cristã, não, mas hoje sou um pouco menos tolerante, menos obtusa. Outro dia, ouvi um ditado que me chamou muito a atenção: *a certeza é a garantia dos que nada sabem...* A religião muito fechada e dogmática, às vezes, leva a bitolas.

Um dia desses, estava na clínica e conheci um religioso que também desenvolveu a doença. Lá eu nunca converso com ninguém, mas quando a gente melhora um pouco, sempre tem uma pessoa perto e, de vez em quando, a gente tem até curiosidade para saber da vida deles. Foi assim que conversei com esse religioso que mostrava os riscos da severidade disciplinar ilimitada nos redutos religiosos muito rigorosos. Percebi através da experiência dele como as instituições precisam ser mais humanizadas... Ele se contaminou com prostitutas... esse caso também é horrível, não?... Coitado, além da solidão dele ser maior que a minha, além dele não ter para onde ir nem com quem conversar, carrega uma culpa tão grande...

Nos casamos, Augusto e eu, em 1969. Recém-formados, tínhamos o mundo pela frente. Ele era valente, esperto e logo conquistou a confiança de meu pai, com quem trabalhava nos negócios de venda de apartamentos. Empregado correto, teve a aprovação de meu pai para o nosso casamento. Na firma, ele começou muito cedo, menino ainda... foi crescendo e de gerente a sócio foi um pulo só... ele progrediu rápido. Compramos esta casa aqui no Pacaembu e logo tivemos os dois filhos, dois meninos. Vivemos a vida típica da "boa" classe média paulistana. Nunca tive emprego, mas sempre fui muito ativa no Rotary Club. Como dona-de-casa, acho que fui exemplar dentro dos padrões que me deram.

Como os negócios iam bem, compramos um bom apartamento no Guarujá, o sítio em Cotia, a casa em Campos do Jordão e para esses lugares eu ia com as crianças todas as férias, feriados... Ele ficava para trabalhar e muito raramente saía. Inocente, eu entendia e até o apoiava... Pelo menos oficialmente era isso que constava: ficava para trabalhar. Eu, por esse tempo, andava tão envolvida com os dois meninos, com a casa e com os afazeres domésticos que nem notava nada. Sinceramente até gostava das "férias conjugais". Era o que se chamava nos anos 80: "férias conjugais"...

Nunca notei que o Augusto tivesse algum caso fora do casamento. Nunca. Talvez, não quisesse ter notado até porque eu não era fanática por sexo... nunca fui... achava que casamento era algo mais que uma vida sexual superativa... Ele também parecia não se importar e sempre estava tão atento aos negócios que tudo indicava que estávamos bem. Nós não brigávamos e mantínhamos uma vida exemplar perante os amigos. Não nos envolvíamos nos casos de adultérios dos outros e pouco comentávamos sobre infidelidade e coisa desse tipo.

Sexo? Hoje nem penso mais nisso... Se antes não dava tanta importância, agora então!... Outro dia li um conto, acho que era da Marguerite Duras, sobre uma mulher que depois da morte do marido descobriu que ele a traíra... então, ela resolveu vingar-se da memória do falecido e foi atrás dos melhores amigos dele e teve casos com muitos... mas, nem isso eu poderia fazer, como poderia fazer sexo com alguém no estado em que estou? Quem gostaria? E os riscos da contaminação?...

Revendo nossa trajetória de casados por mais que tente não encontro razões para suspeitas... Em festas Augusto, meu marido – ou melhor, ex-marido –, sempre se destacava. Inteligente, alegre, contador de casos, era ele quem roubava as atenções de todos. Eu não ligava para isso. Gostava até. Achava que havia uma espécie de *show* profissional que sempre lhe rendia vantagens futuras. Íamos muito às festas em casa de amigos, nos clubes e em recepções do trabalho. Como o negócio de vendas de apartamentos em São Paulo cresceu tanto nos anos 70 até os 80, posso dizer que passamos a ter uma vida invejável do ponto de vista econômico e social. Ia para a Europa com freqüência e ele incentivava viagens com os filhos. Por causa do trabalho, teoricamente, ele nunca estava junto.

Sempre fui bem tratada. Augusto me dava presentes, meu carro era trocado todos os anos, tinha jóias e roupa de toda sorte... nunca pude reclamar da falta de nada material. Curiosamente, não achava que precisava de afeto e nem da presença constante dele em casa. Sempre o admirei e justificava tudo pelo trabalho, pela dedicação aos negócios. Principalmente depois que papai morreu, ele assumiu com muita competência a liderança do negócio e meus irmãos sempre o elogiavam pela honestidade com que conduzia as contas da família. Quanto à nossa vida sexual, que ia sempre ficando cada vez mais rara, achava que isso era parte de um acordo implícito, jamais discutido, e tudo corria como parte de um "desgaste normal"... pensava que era assim mesmo. Nunca duvidei dele... Nunca...

Houve um dia, faz muito tempo, uns três anos, que o vi perturbado quando atendi um telefonema de uma pessoa que se dizia amigo dele. Notei que ele, quando respondeu ao chamado, foi ríspido e que depois ficou muito inquieto. Pensei que seria alguma coisa de negócio e não dei maiores atenções... foi a única vez que poderia ter suspeitado de algo anormal. Só muito tempo depois é que me lembrei dessa história quando a psicóloga da clínica insistiu com perguntas sobre telefonemas, cartas e recados...

Há mais ou menos dois anos, Augusto começou a reclamar da comida de casa, dizendo que tinha muita pimenta e que isso estava lhe provocando acessos de hemorróidas. Fiquei surpresa, pois até então nunca havia ouvido ele dizer nada a respeito disso. Ele começou a ir a médicos e a tomar alguns cuidados com as roupas íntimas e desde então não tivemos mais contatos físicos diretos, aliás fazia muito tempo que não nos tocávamos sexualmente. A última vez – lembro-me muito bem porque eram tão raras – foi na fazenda de uns amigos em Minas. A partir da constatação das hemorróidas, ele mudou muito e depressa. Começou a ficar nervoso, cada vez mais irritado. Eu nunca o tinha visto deprimido e abatido, mas, de repente, encontrava-o olhando para algum ponto perdido, desanimado. Falava pouco de si, cada vez menos. Era muito triste vê-lo tão "pra baixo". Eu me inquietei e comentei com os filhos, que achavam que seria alguma coisa com os negócios, com a mudança na flutuação da moeda, com as conseqüências das medidas econômicas do governo... É sempre muito fácil encontrar desculpas quando não se quer ver a realidade...

Achei, então, que era chegada a hora de eu me desdobrar e provar que era boa esposa. Sempre me tive em alta consideração como mulher, dona-de-casa e como companheira. Sempre... Quanto a ser boa mãe não tinha a menor dúvida, pois o resultado da educação dos dois filhos estava ali para provar: um médico, o mais velho, e outro advogado... os dois casados, e muito bem casados, felizes e realizados. E os netinhos, os dois, eram a prova dos nove... Contudo, restava cuidar agora de meu marido. Confesso que por esse tempo senti uma certa alegria de poder estar mais próxima do Augusto, pois o suposto problema econômico e a tal debilitação dele me davam um sentimento de posse... Finalmente, ele precisaria de mim e eu poderia usufruir da companhia dele... seria outra etapa de nossas vidas, pensava...

Em relação ao estado de saúde dele, não me preocupei muito, pois se eram hemorróidas ele bem que poderia passar por um tratamento, uma cirurgia que por pior que fosse era episódica... Para ser sincera, primeiro achei que eram os negócios e insistia com ele que não deveria perder o apetite por causa de coisas da firma. Em vão... Cada vez mais Augusto estava inapetente e parado... emagreceu um pouco, mas nada alarmante demais... É certo que tinha dias que Augusto se mostrava melhor, tinha mais disposição e tratava tudo com mais ânimo, jamais, porém, como antes. Os meus primeiros sintomas mais claros, de que me lembro, foram umas dores nas pernas e um cansaço grande... Eu não sentia nada ainda. Estava bem e nem desconfiava que poderia ter alguma coisa... queria mesmo era ajudar meu marido.

Como Augusto começou a ficar cada vez mais em casa, naturalmente fui cuidando de suas coisas e objetos pessoais e de trabalho... Comecei, por exemplo, a arrumar a pasta de trabalho que ele levava diariamente para o escritório, coisa que jamais havia feito porque ele não deixava. Aliás, ele andava mais distraído e largava objetos do trabalho pela casa. Fiquei surpresa, um dia, quando folheando sua agenda notei que havia nomes de médicos e de uma clínica que nunca havia ouvido falar. Fiquei preocupada. Preocupadíssima. Passei a acreditar que ele tinha consciência que era portador de alguma doença mais séria e que, para poupar a família, não contava. Formei uma história louca em minha cabeça... Achei que era câncer ou outra doença similar... Resolvi forçar, ainda que com muito tato. Fui forçando, forçando... foi quando, recentemente, ele me disse que precisaria fazer a cirurgia de hemorróidas, mas que não queria que a família se envolvesse. Inventou uma história estranha e comprida, dizendo que poderia ser ruim para os negócios e que ninguém deveria ficar sabendo, nem mesmo, além dos filhos, imagine, os parentes... Fiquei confusa e alarmada, pois afinal esse problema de hemorróidas poderia ser tratado de maneira mais simples. Quantas e quantas pessoas não passam por isso sem tantos cuidados, pensava... Achava que todos poderíamos participar mais diretamente da situação e que ele estava exagerando.

É preciso dizer que, por essa altura, nós dormíamos em camas separadas há muito tempo... Augusto achava que eu me mexia muito à noite e que ele, por fumar, gostaria de ter mais liberdade. Isso ajudou que não percebesse nada. Um dia, fiquei muito surpresa quando ele perguntou se eu tinha modess em casa e se poderia dar um a ele. Explicou, constrangido, dizendo que eram as hemorróidas que estavam sangrando. Só mais tarde é que soube que meu marido – ou melhor, ex-marido – tinha uma fístula retal e que precisava ser operado com certa urgência...

Aos poucos eu ia ficando apavorada. Até então, acreditava que Augusto era um herói, um santo e que, mesmo sofrendo tanto, ele não deixava a família saber para não nos preocupar. Buscando alguma saída, tentei várias coisas. Uma delas foi conversar com alguns médicos amigos. É claro que fazia tudo com muita discrição. Desesperada, um dia peguei a agenda dele e resolvi anotar o número da clínica para conversar com os médicos. Foi o que fiz... Aí começou outro ato dessa tragédia. Descobri tudo!...

Pedi para a telefonista daquela clínica chamar o médico dele e disse que era urgente. Identifiquei-me, demonstrando já saber tudo. De início, ele foi reticente, mas por fim pediu para que eu fosse ao seu consultório, nos Jardins. Marquei para aquela mesma tarde e fui – imagine – sozinha. Estava apavorada, mas fui eu mesma guiando, dispensei o chofer... Não falei para ninguém. O consultório era em um edifício elegante e não aparentava nada de diferente. Na verdade, eu estava tão preocupada com tudo que nem notei qualquer indício de aids. Na sala, poucas pessoas aguardavam outros médicos e, quando fui chamada, me conduzi com aparente segurança. Apresentei-me como esposa de Augusto e disse de minha preocupação com a cirurgia, pois precisava preparar tudo. Ele perguntou o que eu sabia e em uma palavra respondi: "tudo". Perguntou-me em seguida desde quando eu sabia e disse que há umas duas semanas. Ele indagou-me se já havia feito o teste de hiv e, mediante minha negativa, ele pediu que fizesse com urgência... Nem sei como resisti! Deu-me o pedido e eu nem li. Ele disse que Augusto havia marcado uma consulta para o dia seguinte e que ele conversaria sobre os detalhes da cirurgia. Pediu que eu viesse junto com meu marido...

Saí atordoada... apenas no carro abri o pedido de exame e quase morri ao ler: era mesmo para um teste de hiv... hiv... H-I-V... Nem sei como consegui chegar em casa. Entrei, fui direto para o banheiro e comecei a vomitar... olhei para o espelho e me perguntava, desesperada: e agora, meu Deus?... E agora, meu Jesus amado!?... Minha Nossa Senhora de Fátima!... O que está acontecendo?... Sentia que precisava ficar sozinha, mas, como? Tentei me acalmar e depois de algum tempo percebi que tinha que reagir. O pior de tudo é que nos dias seguintes... logo, logo... tudo estaria revelado porque o pedido era "urgente"... Estava desesperada no limite máximo. Não sabia o que fazer... não queria também chamar ninguém para ficar comigo... e não tinha tempo... Pensei em fugir para algum lugar... Não admitia a idéia de falar com os filhos, nem mesmo com o Marcos, que é médico... Desespero... Era impossível resolver tudo sozinha. Depois de um tempo que não sei definir quanto, resolvi sair do banheiro e chamar Martha, minha amiga. Não sei de onde arranquei forças, fui até Augusto e disse que precisava sair, pois ela, minha amiga, não estava bem, que se tratava de caso sério e que ela necessitava falar comigo... enfim, disse que ela estava vindo para me pegar e saí... Não foi difícil convencer a todos e justificar minha aparência pela preocupação com ela.

Em alguns minutos Martha estava em casa. Assim que entrei no carro dela, desatinei. Foi preciso que ela gritasse comigo para eu me controlar até que chegamos à casa dela. Ela me deu água, me afagou muito e não sei dizer por quantas horas chorei. Depois de muito tempo, sem explicar nada, entre lágrimas, abri a bolsa e tirei o pedido médico. Sem entender, Martha leu e perguntava insistentemente: H-I-V, mas por quê?! Contei como pude e o que pude... Vi o horror estampado no rosto dela... Desesperada, pedi para dormir lá. É claro que ela concordou. Foram horas medonhas. Nem eu nem ela sabíamos o que fazer. Felizmente, a família dela, a filha, entendeu que havia algo importante acontecendo e nos deu uma folga. Só sabia uma coisa: iria, no dia seguinte, ao encontro com o médico de Augusto. Foi o que fiz... Martha me acompanhou.

Não é difícil imaginar o que aconteceu... Fui com a mesma roupa do corpo. Fiz questão de chegar um pouco atrasada, pois queria evitar cenas. Para surpresa minha, Augusto ficou sabendo que eu iria. Quando cheguei, Martha ficou na sala de espera, fui anunciada, entrei no consultório e logo tudo se esclareceu... O médico decidiu que aquele era o momento da verdade e que na realidade meu jogo de descoberta não passava de pressuposição. De qualquer forma, nada daquilo interessava... Augusto estava cabisbaixo e constrangido. Eu nem sei me descrever... O médico parecia cumprir um trabalho técnico e mesmo assim não ocultava o embaraço e certo receio.

A conversa foi, o tempo todo, sobre a cirurgia, datas, condições de internamento e outros detalhes. O meu caso parecia ser periférico. Eu estava acabada... Não conseguia ouvir tudo e não estava entendendo as coisas. Pensado depois, resolvi achar que os dois, o médico e Augusto, armaram o encontro e que, mais cedo ou mais tarde, seria hora de acertar os ponteiros. E era chegada a ocasião. Tenho conversado sobre isso com minha psicóloga e ela faz questão de ressaltar que eu fui usada, ainda que pensasse que era eu quem estava dirigindo a cena... Isso me dói muito... Havia ali uma certa cumplicidade entre os dois. Garanto que havia...

A consulta foi sobre o caso do Augusto e foi relativamente rápida... depois de alguns minutos, o médico mandou que eu ficasse na sala e que ele saísse... Augusto foi embora. O médico pediu que eu me mantivesse calma, que procurasse entender que tudo seria difícil, mas que "se aceitasse poderia ser mais fácil"... Além disso, falou coisas como "um longo processo de adaptação", "necessidade de lutar", "coragem"... sinceramente, não me recordo bem...

Saí atônita e apenas me lembro de que Martha pediu para falar depois com o médico enquanto eu esperava, chorando, chorando muito, na sala geral. Fui atendida pelas moças da recepção, que, certamente, avaliavam o que se passava... Fomos para a casa dela e eu não tinha mais reação além das lágrimas. Meu Deus, como eu chorei!... Estava amedrontada, lerda, boba, largada... Me deram um calmante e sei que dormi longamente... Quando acordei, notei que alguém havia providenciado roupas e que estava de certa forma instalada na casa da amiga... De manhã, uma pessoa do laboratório veio colher meu sangue para exame e eu não conseguia pensar em nada que não fosse desgraça... Jamais vou me esquecer desse dia: enfermeira, luva, máscara e a seringa...

Como eu chorava!... Sabia que os filhos estariam aflitos e mesmo assim eu queria ficar sozinha... Na casa de Martha não poderia permanecer por muito mais tempo... Não mesmo... afinal, ela tinha sua família e aquilo seria demais para qualquer pessoa... A solução seria chamar os filhos, mas queria antes ter o resultado do exame, pois afinal poderia ser tudo um equívoco, eu poderia não ter sido contaminada... mesmo sem esperanças, aguardava um milagre...

Lembro-me das últimas relações sexuais que tivemos na fazenda em Minas Gerais... Eram dias calmos, prazerosos e em companhia de pessoas tão gentis... Estávamos sós com os amigos queridos, sem filhos, e tínhamos muito tempo para descansar... o silêncio da fazenda, o ar puro, tudo era tão calmo que me dava a impressão de um tempo especial... Dormíamos na mesma cama de casal e isso facilitava contatos. Confesso que eu estava mais animada que nunca... eu mesma o procurei e apesar dele evitar, não havia desculpas, pois estávamos sós e o clima era propício... insisti – acho que pela primeira vez na vida – e ele não teve como fugir. Além do mais, éramos casados e logicamente não cabia a conversa sobre camisinha, imagine... Foram três relações que tivemos... confesso que gostei. Estava feliz... É muito raro eu retomar esse ponto. Sempre que penso nisso tenho um sentimento de fuga. Não quero lembrar... Achava que estava feliz e sentia que meu "marido" também... mas foi aí que tudo aconteceu. Foi aí que começou a definição do meu fim...

Como seria impossível ficar indefinidamente na casa de minha amiga, os filhos vieram atrás de mim... Logo tudo se esclareceu, pois não dava mais para ocultar as coisas. Eles tiveram uma reunião com o médico e com o pai, no escritório da firma... Eu fiquei ainda mais alguns dias com Martha, pelo menos até que saísse o resultado do exame. Demorou uns três dias para que se revelasse o inevitável... Sei que havia passado a maior parte do tempo sob calmantes e que dormi muito. Repetido o exame em outro laboratório, tudo se confirmou.

Ironicamente, não foi meu filho Marcos quem tomou a iniciativa de liderar o caso... mesmo sendo médico e que lhe seria mais natural esse papel, quem cuidou de mim com muito mais carinho foi o Rafael. O mais velho, o médico, foi esquivo... fugiu. Não que não me visitasse ou desse atenção, não... mas ele sempre foi ligado à gente, mas teve uma dessas reações inversas ao que se esperava. O Rafael não: assumiu o problema sem medir os efeitos. Logo viu que não era algo superável e que haveria mudanças radicais em todos os setores de nossas vidas. Marcos, mesmo sabendo do que me esperava...

Neguei-me a voltar para a casa com Augusto lá. Isso foi muito complicado, pois ele teria que sair imediatamente e logo todos os demais ficaram sabendo da separação... Mesmo deprimida ao máximo, resolvi que tomaria essa atitude e que seria irredutível. Augusto se mudou para um *flat* e sei que colaborou com tudo... Não tenho a menor idéia de como foi o encontro dele com os filhos, noras, empregados, amigos... Apenas desejava que ele fosse exposto, humilhado e que pagasse caro o que havia me feito... A raiva era o único sentimento capaz de me animar. Houve um momento em que pensei que quando estivesse melhor, telefonaria para todos os amigos dele e contaria tudo, tudo, tudo. É lógico que nunca fiz isso. Não fiz, não por causa dele, e sim por fraqueza minha. Afinal, falar de tudo aquilo implicava também me expor... E eu me sentia como uma idiota que vivera ao lado de uma pessoa que me traía o tempo todo e que eu nunca notei... isso me era demais...

Como estava abatida moralmente, comecei a sentir todos os sintomas das doenças oportunistas. Sendo mês de abril, como começava a esfriar, imediatamente achei que estava com pneumonia... mesmo que fosse uma simples gripe, para mim eram os pulmões que já anunciavam meu fim... Lembro-me de que um belo dia eu acordei com uma espinha e para mim aquilo já era manifestação de um carcinoma avançado... Imagine o pânico... Nem sei se dá para lhe passar a idéia de que foram aqueles primeiros dias... dois domingos depois era meu aniversário e minhas noras prepararam um almoço, enfeitaram a casa e pretenderam um ar de normalidade. Uma delas estava grávida e, coitada, não conseguia disfarçar o medo. Rafael procurava falar dos negócios administrativos da família o tempo todo e Marcos planejava uma viagem pelo Caribe, onde iríamos de férias. Eu fiquei o tempo todo calada e notava que até os presentes haviam mudado: não eram mais roupas ou adornos pessoais, agora eram longos livros, flores e quadros para a casa. Pensava comigo: meu Deus, será que as pessoas não notam?... Sou muito chegada em uma das minhas noras, mas tenho evitado até o olhar dela, pois sinto que ela quer conversar sobre coisas que eu não posso...

Os dias foram se passando... eram intermináveis... Primeiro pensei que morreria logo. Desejei muito que isso acontecesse e não tenho como negar que romantizei meu enterro... Isso passou, graças a Deus... No lugar brotou uma raiva e a necessidade de vingar. Eu queria o que era meu. Queria deixar Augusto mal pelo menos economicamente. Sabia ser difícil, mas era meu desejo. Tinha, pelo menos, que tentar. Comecei a pensar em advogados e logo percebi que deveria deixar os filhos longe disso. Foi complicado, pois eu estava deprimida e não me sentia segura para conversar com outras pessoas... mas fui em frente...

2.

A entrevista com Augusto foi a primeira de todas e se deu em três encontros, todos gravados. De início, houve algum constrangimento, mas a determinação em contar, para ele, fazia parte de uma revisão de vida de pretensões amplas. Além das entrevistas, ocorreram mais dois encontros para a conferência e muito trabalho comum para a finalização do texto. Falando de si como perpetrador, Augusto foi aberto e não disfarçou uma autopunição constante. Seu estado de saúde, surpreendentemente bom, o colocava em situação de controle do caso. Foi ele quem sugeriu a ordem das entrevistas, deu-me a opção dos contatos e, durante todo o longo processo de maturação do projeto, acompanhou tudo pretendendo orientar o andamento. Muitos telefonemas se deram ao longo dos anos. No fim, Augusto escreveu uma carta comentando tudo. Não deixa de ser irônico que Augusto tenha se especializado no mercado imobiliário. A construção civil e os negócios de compra/venda de propriedades residenciais tornam irônico o fato de ele sair de casa, ir para um apart-hotel e abrir mão de sua parcela na venda do imóvel onde construiu sua família.

Não consigo entender como tudo aconteceu...

Pois é: sou o dr. Augusto. Nasci Augusto Fonseca, nome comum para pessoa comum. Meus pais são nordestinos, mas se encontraram aqui em São Paulo. Fui educado como se fosse um autêntico paulista desses de quatrocentos anos. Era como se o Nordeste não existisse além das propagandas de turismo e dos preconceitos... Sempre houve uma negação muito grande dos estados de origens dos meus pais e avós: Pernambuco e Ceará... É como se o Sul fosse nosso único solo... Aliás, nem era o Sul como um todo, era São Paulo, a cidade de São Paulo que interessava. Minha mãe tinha orgulho de ser "paulista", mais do que isso "paulistana"... e ela era mais paulistana que qualquer paulistano que conheço.

Minha mãe tinha orgulho de ter uma boa "educação de família", pois meu avô era funcionário público federal que fora transferido para São Paulo ainda antes da Segunda Grande Guerra. Eles eram o que se pode chamar de "remediados", pois tinham muitos filhos e meu avô fazia questão de educá-los em boas escolas, em dar-lhes um preparo para a vida. Eles chegaram até a possuir um carro, mas não cabiam todos os filhos e então era um problema quando precisavam ir a algum lugar juntos... Minha mãe era a última dos oito filhos e, devido às dificuldades econômicas que pesavam sobre os mais crianças, conseguiu apenas se formar no colegial técnico de enfermagem.

Meu pai era migrante legítimo, daqueles que vieram para São Paulo na seca de 1947. Ele não veio exatamente como um camponês foragido, mas aproveitou da situação de penúria geral e migrou do interior do Ceará. Meu pai era um homem pacato, calado, muito sério, e conseguiu algum sucesso como mestre-de-obras. No pós-guerra e principalmente nos anos 50, o Brasil entrava em uma fase boa para o estabelecimento da classe média urbana e a cidade de São Paulo passava por transformações importantes, com um *boom* imobiliário promissor. Além disso, em 1954 houve a celebração dos quatrocentos anos da cidade de São Paulo e isso mostrava que onde estava o dinheiro estava também a oportunidade. Os novos bairros que surgiram, o Ibirapuera, e os prédios que iam sendo construídos nessa época deram muito trabalho para os nordestinos e, como meu pai era um deles, logo achou um lugar bom e conseguiu se distinguir por se comunicar com os peões como um igual. Por uma ironia do destino, foi exatamente por ser nordestino que ele teve sucesso aqui... os paulistas não conseguiam se entender com os "baianos", então meu pai era uma espécie de "tradutor" ou "intérprete". O melhor momento da vida de meu pai foi em 1958, quando então a cidade encheu de nordestinos fugidos daquela outra grande seca... também esse era o ano da construção de Brasília e havia uma forte propaganda atraindo os "baianos" para o Sul... a construção civil foi uma alternativa importante tanto para os empresários como para os empregados...

Apesar das diferenças sociais, minha mãe e meu pai se encontraram e se deram bem. Ambos eram muito trabalhadores e meu pai sempre cedeu espaço para minha mãe orientar os destinos da família. Ele a reconhecia com uma certa liderança e dava asas a ela... Aliás, ele obedecia a tudo que ela mandava. Compreendo meu pai: ele começou muito por baixo e desde cedo trabalhou, fez progresso se aperfeiçoando no que melhor fazia: em construção civil. Além do mais, minha mãe como "paulistana" sabia se virar bem na cidade e conhecia detalhes da vida urbana que meu pai nem sonhava.

Em relação a mim e ao meu irmão gêmeo, César, diria que a influência mais decisiva foi de minha mãe. Rígida, severíssima, ela era muito exigente e ficou pior depois que ele morreu. Nascemos em 1949, no mesmo ano em que eles se casaram. Acontece que César morreu logo aos 3 anos de idade, de pneumonia, e então a coisa ficou mais difícil para mim. Eles tinham decidido não ter mais filhos e eu fiquei sozinho, filho único. Sobre mim, pesava muito a responsabilidade de realizar tudo o que os meus pais, principalmente a minha mãe, queriam. Ela, para poder garantir meus estudos, também arranjou um trabalho em um hospital na Brasilândia, bairro em que morávamos... Ela tinha como tarefa visitar alguns pacientes que saiam do hospital e que precisavam de tratamento especial em casa... era um trabalho de meio período, de forma que isso não a atrapalhava acompanhar meus estudos. Sempre tive que ser o primeiro aluno da classe. Sempre, sempre. Eu era bom aluno, mas isso não bastava para minha mãe. Tinha que ser o primeiro, o melhor.

Fiz o ginásio estadual, mas depois ela me enviou para o Colégio Adventista. Por essa época já haviam se convertido do catolicismo e então eu tinha que estudar na escola da igreja. Foi muito bom porque os professores eram rigorosos e os alunos tinham que se adaptar às normas rígidas. Para mim era fácil porque eu tinha em casa a mesma orientação... Sempre pretendi fazer engenharia. Como meu pai trabalhava em construção, de vez em quando ele me mostrava um ou outro edifício em que tinha trabalhado e eu vibrava... em casa sempre ouvia falar de materiais de construção, de detalhes de obras e isso facilitava. Logicamente, minha mãe não admitia pensar que eu ficasse como mestre-de-obras. Nunca! Eu teria mesmo é que ser engenheiro. Terminado o colegial, fiz vestibular na Politécnica e fui aprovado logo, sem problemas. A essa altura, meu pai já era considerado bom funcionário de uma das mais importantes construtoras de São Paulo e tinha contato direto com os engenheiros-chefes... então, não tive dificuldade nenhuma em virar "estagiário". A bem da verdade, devo dizer que comecei mesmo, antes, como funcionário auxiliar de escritório, mas foi por pouco tempo. Pouco tempo, mas o suficiente para conquistar a simpatia do pessoal todo. Quando entrei como estagiário foi automática a minha aceitação: conhecia muita gente pelo nome e gostava do que fazia... e todos me conheciam como "o filho do seu Luiz Severino"...

Meu pai é branco, bem branco; minha mãe é levemente mulata, mas isso nunca foi ventilado em casa. Para todos, éramos "paulistas", brancos e acabou. Aliás, em minha casa tudo era do mundo dos brancos, dos bem-sucedidos e civilizados. As roupas de minha mãe e as minhas eram finas e ela fazia questão de dizer que era melhor ter poucas coisas boas do que muitas ruins. Isso eu herdei dela. Herdei também o gosto pelos hábitos educados, pela boa música, pela comida requintada. Ela era uma figura fora do mundo real dela... muito fora... mas sabia o que estava fazendo e o que estava fazendo era me preparar para vencer na vida. Fui programado para realizar os planos dela...

Nos anos 70, bem no começo, em plena época do "milagre econômico", o sonho da casa própria, da casa da praia ou do sítio se tornou uma obsessão para a classe média paulista. Foi exatamente nesse tempo que eu comecei a trabalhar como engenheiro... tive boas oportunidades e até posso dizer que tive as melhores, pois nunca precisei implorar trabalho ou traçar o roteiro que muitos recém-formados têm que fazer. Logo fui parar na área de projetos e por essa época em São Paulo começavam os grandes condomínios fechados... o Takaoka, por exemplo, foi um dos pioneiros e a nossa firma logo entrou na linha de competição. Com o passar do tempo, os negócios evoluíram tanto que foi preciso uma especialização, separar o setor "de construção" do "de vendas". Essa, aliás, foi outra grande chance. Como para dirigir o setor de vendas eles precisavam de alguém que entendesse da parte de construção, eu fui o designado... posso dizer com certo orgulho que fui quem organizou todo o setor de vendas e, na realidade, essa foi a primeira firma especializada no ramo no Brasil... Até essa época, e até hoje, quase sempre, uma firma constrói e outra vende. Nós juntamos tudo...

É importante dizer que eu comecei a fazer isso com pouco mais de 20 anos de idade... foi por esse tempo que me aproximei de Lea, filha do dono da empresa em que trabalhava... Lea depois se tornou minha esposa. É difícil explicar o que se passava comigo nesse período. Estava muito entusiasmado com o trabalho, era uma época muito criativa profissionalmente, dinâmica e eu me sentia envolvido pelo ambiente da firma de tal maneira que também foi natural que me aproximasse dela... Eu trabalhava muito próximo ao pai dela, que era o dono da empresa. Nos finais de semana, era comum a gente ir para o sítio da família para continuar trabalhando... foi assim que conheci toda a família dela e fiquei razoavelmente íntimo de todos, ou de quase todos... na verdade eu era mais amigo das mulheres da família – menos de minha sogra, que sempre foi meio distante – que dos homens, ou pelo menos dos filhos do "patrão", pois tínhamos orientação de vida muito diferente. Eles, os rapazes, eram muito farristas e boêmios e eu era um adventista praticante, então... Com o pai dela sempre tive o melhor relacionamento.

Apesar de não ser do mesmo nível econômico deles, sentia que o pai de Lea fazia gosto do casamento... a mãe nem tanto porque, acho, sonhava com alguma coisa mais coerente com o prestígio da família... mas ela nunca se opôs claramente. Mesmo sendo Lea uma moça viajada, tendo estudado na melhor escola de mulheres de São Paulo, não parecia haver muita diferença de nível, pois eu falava razoavelmente inglês, arranhava francês e espanhol e tinha uma cultura geral acima da média. Na verdade, acho que tinham três pontos negativos na aceitação de minha sogra: o fato de ser nordestino, ter o cabelo meio "ruim" e ser adventista... Acho que meu sogro a convenceu que isso era pouca coisa perante o que eu pudesse vir a representar na firma.

Do meu lado, meu pai nunca disse nada sobre o casamento. Minha mãe, pelo contrário, disse muito... ela fazia gosto e jamais mediu esforços para demonstrar isso... Acho que a pessoa mais feliz no dia do meu casamento não era a noiva ou eu, era a minha mãe... ela gostou tanto que nem fez questão do casamento católico. Por essa altura, meus pais já estavam morando no Itaim e levávamos um padrão de classe média bem colocada... tínhamos carros, dois; freqüentávamos festas; minha mãe foi das primeiras mulheres em São Paulo a ter cartão de crédito... até viagens internacionais ela fazia – ela, porque meu pai nunca quis ir – se orgulhava de comprar "cachemir" inglês, tomar chá, ir ao Fasano, que ainda era na avenida Paulista... Em pouco tempo, aquela visitadora sanitária do hospital da Brasilândia parecia ter desaparecido com os empregos deixados para trás...

Como nunca fui muito namorador, Lea era o meu caminho natural... boa moça, bonita, simpática, despretensiosa, sempre achei que ela seria o meu porto seguro... e foi por muito tempo. Vejo isso hoje, mais do que nunca... Nos casamos, ganhamos um excelente apartamento do sogro e depois eu mesmo comprei a casa do Pacaembu e sempre tivemos uma vida muito confortável... no começo, minhas bases adventistas e o empenho no trabalho não permitiam ostentações demasiadas. Sei que isso agradava muito meu sogro – ainda que nem tanto a sogra – e ele me apoiava bastante... Sempre gostei muito de meu sogro... sempre... acho mesmo que ele foi a figura masculina mais importante de minha vida: homem sério, sóbrio, trabalhador... dele só não gostava do fato de eu saber, secretamente, que tinha uma amante... mas isso era segredo absoluto e nem comigo, seu confidente para muitas coisas, ele dizia. Comentava-se muito na firma, porém...

Com os dois cunhados, não posso dizer que me dava bem... também não me dava mal. Ficava meio irritado com a displicência e com o excesso de cobrança de trabalho que eles faziam em cima de mim. Eles mesmos trabalhavam bem menos e com muita arrogância, mas eu conseguia neutralizar tudo... Tenho certeza de que mais que gostar de mim, eles me respeitavam... por necessidade, mas me respeitavam. As outras pessoas da família pouco importavam, pois eram figuras menores em nosso círculo... Eu vivia, no começo, mesmo uma vida muito reclusa, de muita dedicação à firma.

Minha primeira relação sexual foi com Lea. Sei que é difícil acreditar, mas comecei tudo muito tarde... eu tinha muito medo de sexo e fui "castrado" pela família, pela escola, pela religião... sei que pode parecer loucura, mas minha primeira relação sexual se deu aos 22 anos, quando me casei. Aliás, o primeiro beijo, o primeiro toque, o primeiro tudo foi nesse relacionamento. E tinha que ser com Lea, que sempre me apoiou. Acho que ela sempre me compreendeu muito e nem sei o que seria de minha vida sem ela... Acho que a amava... Nunca pude avaliar bem essa história de amor, pois não tinha parâmetros... era a minha primeira namorada, minha primeira relação, meu primeiro tudo... não posso dizer se foi bom ou ruim o primeiro encontro sexual... como disse, não tinha parâmetro nenhum.

Tivemos dois filhos... hoje os dois estão casados, tenho netos: duas netas e mais um que está a caminho. Foi tudo muito rápido... O sucesso nos negócios aos poucos foi exigindo desdobramentos e fui aprendendo o valor comercial de ter uma vida social mais intensa... Deixei a igreja, mas não foi uma coisa muito deliberada. Fui deixando aos poucos e na mesma medida ia aprendendo a me divertir mais, a me interessar por algumas coisas que não eram condizentes com a moral adventista... Para ser objetivo, fui me afastando de Deus... Hoje tenho saudade daquele tempo, pois é confortável acreditar em um ente superior e sentir-se protegido. Acho que a grande quebra que tive em termos de religião foi quando saí da casa de minha mãe... aliás, minha libertação se deu exatamente nessa época. Tenho até medo de admitir, mas foi o casamento que me abriu novos caminhos...

em todos os sentidos: sexual, de libertação religiosa e de realização profissional. Imagine que até eu sair de casa, não podia fumar nem perto e nem longe de meus pais...

Com o casamento, eu virei sócio da firma porque em nosso caso optamos – como era comum naquela época – pelo regime de comunhão de bens. Sócio, passei a ter mais regalias e era importante para a reputação da empresa que eu aprendesse a beber socialmente, a viajar e até a ter o carro do ano com chofer e tudo mais... na verdade foi aí que começou a minha desgraça: o chofer. É muito incômodo falar disso, mas estou disposto. Eu tenho que falar disso e de tudo... Lembro-me bem do critério de escolha do primeiro chofer que tive: como minha família, ele era nordestino, paraibano. Sujeito alto, forte, moreno... tinha um olhar inteligente e era, na verdade, mais sabido do que se poderia esperar de um chofer particular. Como passava grande parte do dia indo de um "lançamento" para outro, de uma construção para outra, acabamos por estar muito tempo juntos. Além do mais, ele viajava comigo, indo às vezes para outras cidades. Mesmo nos fins de semana, ele acabava tendo que aparecer para algum trabalho extra. Devagar, sem que eu me desse conta, ele acabou sendo também útil à família: supermercado, compras pequenas nas farmácias ou lojas, levar as crianças para cá e para lá, de repente mesmo, ele era uma peça importante para todos.

Eu pessoalmente passei a confiar mais e mais nele. Conversava sobre muitas coisas e ele foi aprendendo os nomes das pessoas, detalhes dos problemas, custos de imóveis... Ele passou a dar muito palpite nos negócios e eu gostava. Houve um fator que denunciava a mudança de nossas relações: quando deixei de ir atrás, no banco traseiro do carro. Nem me dei por conta quando comecei a "andar" só na frente, ao lado dele. Apesar dele saber muito sobre minha família, eu pouco ou nada sabia dele. Um dia, era um final de semana prolongado, a família toda foi para a chácara do sogro, eu tive que ir de chofer, pois teria que voltar para trabalhar no intervalo entre o feriado e o fim de semana. Ele foi me levar e voltou depois, na sexta-feira, para me buscar... Foi aí que começamos a conversar mais intimamente. Eu já o considerava muito... muito...

Fizemos a viagem de volta a São Paulo só falando de coisas comerciais, mas quando chegamos, ele me perguntou taxativamente: o que o senhor vai fazer hoje à noite – ele ainda me chamava de senhor – e, surpreso, eu o convidei para jantar em um restaurante. Ele prontamente aceitou e à hora combinada veio me buscar. Foi estranho vê-lo sem uniforme de trabalho, sem o quepe... eu também estava mais descontraído, de camisa sem paletó. O jantar passou rápido e bebemos mais de uma garrafa de vinho. A pretexto de ensiná-lo a apreciar, eu que também não era tão experiente assim, me vi logo meio tonto... Para encurtar a história, ele dormiu em casa, no meu escritório. Não aconteceu nada na primeira noite e, no dia seguinte, antes de irmos trabalhar tivemos que passar pela casa dele para que trocasse de roupa. Foi uma surpresa, pois sequer sabia que ele morava na Brasilândia, no mesmo bairro de minha infância. Em sua casa, ele me convenceu a entrar, pois seria perigoso aguardar no carro. Subi até o seu apartamento e comecei a sentir que havia alguma coisa no ar... Aconteceu: ao chegar lá ele começou a tirar a roupa e provocantemente foi para o banho... Tudo foi muito de repente e eu não tinha controle nenhum da situação...

Não preciso dizer o que significou essa experiência para mim, preciso? Eu nem notei que aos poucos fui me ligando a um homem e isso já era um fato irreversível. O que fazer, me perguntava? Ele me deixou à vontade e respeitou o meu longo silêncio do resto daqueles dias. Sentia-me miserável por tudo o que passou... "E agora?", me perguntava com um apelo à culpa... Foi tudo muito difícil. Muito difícil!... Intimamente, eu sentia uma coisa estranha, pois ao mesmo tempo em que não sabia como enfrentar minha família, mulher, filhos, sogros, eu sentia uma satisfação interior até por ter tido coragem de fazer o que fiz... Curiosamente, em relação a ele, profissionalmente, eu não tinha muito o que mudar. Continuei a tratá-lo como empregado, chofer, mas deixei de falar com ele, de considerá-lo como antes... Voltei para o banco de trás, mas era impossível sustentar isso por muito tempo. Demorou mais ou menos um mês até que voltássemos a tocar no assunto... Tornamo-nos amantes...

Apesar de ser fácil driblar a família, pois ele era meu chofer particular, alguns outros problemas começaram a surgir: e ele? O que faz morando sozinho e no tempo em que não estamos juntos? Será que para ele seria tão pura a relação como havia sido para mim? Pensava: será que ele não está se aproveitando da situação?... Passei a sofrer muito com as dúvidas e, ao mesmo tempo, queria controlá-lo aumentando as horas extras... Como ele morava sozinho, era, na maioria das vezes, em sua casa que nos encontrávamos... comecei a melhorar o apartamento dele, apesar de ser alugado: reforma no banheiro, geladeira nova, televisão maior, cama e colchão bons... Cheguei ao ponto de comprar um pequeno apartamento para "nós"... virei uma espécie de provedor dele.

Pela primeira vez em minha vida sentia que estava fazendo deliberadamente alguma coisa errada, má... mas sentia também uma satisfação por me enfrentar sem me reprimir como antes... Imagino que sempre tive essa tendência homossexual, mas nunca a enfrentei, reprimi tudo... nem sequer admitia que podia achar um outro homem bonito... Veja bem a que limite fui levado: ter amante homem, sentir ciúme e desconfiança. Era tudo muito curioso, pois eu queria saber se ele me amava, se sentia saudade de mim, coisas dessa ordem, e, logicamente, esse tipo de preocupação sequer passava pela cabeça dele. Comecei a desconfiar de tudo: do interesse pelo meu dinheiro, da conveniência de ter um "caso" como eu, que jamais poderia dar na cara. Sobretudo, comecei a desconfiar de que ele era um safado dando o golpe... mas era tudo confuso porque ao mesmo tempo eu o achava um bom sujeito, alguém que não teve oportunidades na vida... Entre uma alternativa e outra, eu resolvi tirar as coisas a limpo... Lendo jornal, um belo dia, achei uma propaganda de um detetive particular. Não tive dúvidas, anotei o endereço, marquei um encontro no escritório dele, peguei um táxi e lá fui eu: nome falso, pagamento adiantado, fazendo uma investigação suja. Fazia então mais de dois anos que estávamos tendo o tal caso...

A decepção veio rápida porque logo o detetive descobriu que o meu caso me deixava em casa, às vezes mesmo depois de "sair" comigo, e ia para uma sauna masculina no meu carro... Fotos, gravações secretas de conversas, testemunho pessoal dentro da sauna, nada deixava dúvidas. Era verdade... E agora, me perguntava? E agora? Calar e fingir que nada sei ou enfrentar a situação... Sofri muito, mas fiz a opção pelo enfrentamento pessoal com ele... Foi uma conversa muito difícil, com muita discussão em que ele dizia que tudo era verdade, mas que acontecia porque eu não tinha coragem de largar família, prestígio social, posição econômica para ficar com ele... Devo confessar: ele era bom de conversa... eu até me senti culpado...

Não foi dessa vez ainda que terminamos tudo. Ele ficou muito bonzinho e afetuoso depois dessa briga e demorou mais uns dois meses até que eu conseguisse pôr fim em tudo. Foi mediante acertos que cheguei a pôr um ponto final nessa doidice toda – ele pediu um dinheiro além da indenização profissional como chofer... Fiquei arrasado... arrasado... Ninguém desconfiou de nada, felizmente. Suportei tudo calado, sem ter ninguém para desabafar. Foi complicado arranjar outro chofer que cumprisse todas as prescrições programadas, mas consegui.

A questão que eu enfrentava dizia respeito ao meu futuro. Me perguntava: e agora? Um lado de mim dizia que era para eu aprender a lição e que não tinha prática neste mundo e seria sempre vulnerável na medida em que era casado, profissional de nome e pai de dois filhos homens. Sabia, porém, que seria fácil cair em tentação, outra vez. De qualquer forma, ia dando tempo ao tempo e esperando que as feridas se fechassem. Estava doendo muito, tudo. Sentia-me culpado, desamparado, abandonado, explorado... Pensei em buscar ajuda de um analista, mas... Durante mais ou menos dois meses, deixei tudo quieto. Não atendia os telefonemas do ex-chofer que, felizmente, a cada dia foram diminuindo. Eu tinha muita curiosidade, vontade de saber se teria havido algum romance por parte dele ou se foi apenas uma aventura de interesse econômico. Minha grande vingança foi colocá-lo para fora do apartamento... mas isso era um consolo bobo, pois ele tinha levado muitas outras vantagens materiais... muitas.

Enfiei a cara no trabalho... acho que nunca trabalhei tanto como depois do fim desse caso. Mas havia uma guerra surda dentro de mim. Estava mesmo só e sem perspectiva pessoal... Por ironia os negócios iam de bem a melhor... foi uma fase brilhante, progredimos muito. Houve um dia em que consegui realizar um excelente negócio, pois fazia tempo que estávamos esperando a exata oportunidade que surgiu num repente. Aconteceu rápido: fechamos o contrato e eu experimentei uma alegria imensa. Curiosamente, a minha família estava fora de São Paulo nesse dia e eu tinha um fim de semana livre, sozinho... Queria descansar, ficar em casa e pensar na vida. Bateu, porém, uma imensa solidão... senti um vazio estranho por não ter com quem comemorar e precisei sair de casa. Como não havia esquecido o endereço da sauna dado pelo detetive, mais ou menos mecanicamente, peguei o carro e fui para lá... Não sei dizer como tive coragem de entrar. Parei meu carro longe, fui a pé, entrei sem saber o que me esperava... Foi um choque. Nunca esperava encontrar algo como aquilo. Como estava muito aflito, saí logo. As imagens daquele lugar ficaram em minha cabeça e o tempo todo pensava no que havia visto. Queria voltar à sauna, mas esperei outra oportunidade e, numa quarta-feira, dia mais tranqüilo resolvi voltar àquele lugar estranho. Como era dia de semana, à tarde, havia pouca gente e eu queria explorar melhor o lugar... foi o que fiz. Umas três pessoas vieram conversar comigo, mas não dei oportunidade...

Retornei várias vezes a esse lugar e aos poucos fui conhecendo outras pessoas e comecei a entrar em contato com situações mais audaciosas para mim. Muito mais... No começo tomava cuidado nas "salas escuras", mas aos poucos fui avançando os sinais... Eu nem me reconhecia: bebia, abordava pessoas, respondia com categoria às investidas... nem medo eu tinha mais. Aliás, encontrei algumas vezes pessoas de meu círculo, mas ou fazíamos de conta que não nos conhecíamos ou nos cumprimentávamos com cumplicidade... Virei um cara promíscuo... Promíscuo. Quando estava já desacreditado de amor entre homens e certo de que tudo seria sempre apenas contatos sem conseqüências, conheci uma pessoa "diferente" daquele meio. Fiquei tão naturalmente acostumado a esse lugar que até encontrei algumas vezes o ex-chofer, o Luiz, e me saí bem, sem aparentar raiva ou paixão... Cheguei até a conversar com ele, que andava preocupado, pois um ex-amante havia morrido de aids...

Essa nova pessoa era um arquiteto formado, jovem, bonito e co-meçamos a nos relacionar mediante encontros repetidos na mesma sauna. Foi fácil estender os contatos fora da sauna. Ele era indepen-dente e podia assumir com mais liberdade esse estilo de vida... Sem que definíssemos algum relacionamento, começamos a ficar mais exclusivos e a incluir um o outro em seus programas. Levei-o à mi-nha casa e não tive problemas em justificar, porque, afinal, ele era arquiteto. Alguém "do ramo"... Confesso que fui me acostumando a ele. Fui me acostumando e ficando mais ligado... Como achava que a sauna era um espaço de exposição, seria conveniente me afastar. Através desse novo "caso", fui conhecendo outras pessoas "entendi-das" e ia aprendendo como enfrentar situações, sabia o vocabulário, as estratégias para fugir das famílias e até as piadas...

Minha história com o arquiteto também não deu certo, mas ser-viu de ponte para outro meio social. Serviu também para duvidar de fidelidade entre homens, em todas as dimensões. Por anos continuei nessa vida. Alguns bons anos... Com o passar do tempo, não precisava mais freqüentar saunas ou pontos perigosos. Nem tinha mais motivos para me expor tanto. A ampliação do circuito, porém, não significava melhoria nos contatos... por incrível que pareça, há muita gente que não se cuida, não usa camisinha... eu mesmo sempre fui um exemplo disso. Sei que é complicado dizer que não usava camisinha... É complicado, pois sempre fui informado e sabia dos riscos, mas poucos usavam proteção... e veja que eram pessoas instruídas... Não sei dizer com precisão quando, como ou onde me contaminei... tenho minhas desconfianças, mas nenhuma garantia... Fiquei um pouco preocupado quando soube da história do tal ex-caso, do amigo do meu ex-chofer. Como eles se relacionaram antes de eu aparecer nessa história, tinha motivos de sobra para ficar preocupado... No começo não prestei muita atenção, mas aos poucos fui me alertando, juntando os fatos... mas, pensava também: tanto tempo havia passado que talvez as informações não fossem corretas... de qualquer forma, como eu não havia tomado cuidados também com outros caras, ia deixando tudo de lado, pois estava aparentemente bem e achava melhor não mexer nessas coisas... Um dia, um amigo mais próximo, do mesmo círculo, soube que estava contaminado e isso foi fatal para mim. Como era casado, achei que deveria fazer o teste porque fazia anos que estava nessa vida e mesmo sem fazer sexo com minha mulher, era chegada a hora de enfrentar tudo... Fiz: positivo! Refiz: positivo!...

Entendi então o que significava a palavra "vazio". Estava vazio de tudo, de todos e principalmente de mim... Dei uns três dias sem falar nada com ninguém e por fim tomei coragem e procurei um médico, do "meio", uma pessoa que havia conhecido na seqüência dos contatos com o arquiteto. Ele foi ótimo... me ajudou e tratou de recomendar mais exames, cuidados com alimentação e os remédios... Quantas preocupações: os remédios... Fui dos primeiros no Brasil a tomar o "coquetel"... Foi difícil conseguir controlar todos os medicamentos regularmente... comecei a tomá-los no café-da-manhã, no escritório, onde tinha uma geladeira só minha e guardava os medicamentos. Tratei de montar um esquema de apoio e nem foi tão complicado, pois mantive o mesmo local do primeiro "caso". Desde que soube que estava contaminado, comecei a me afastar daquela vida... Meus problemas pessoais eram bem sérios e precisava de reclusão...

Nunca negligenciei o trabalho. Nunca. Mantive o ritmo da mesma forma e, assim, ninguém notava nada. Fui deixando todos os "amigos" de antes e evitava saber deles... A frustração interna era uma tortura porque, além de tudo, pensava que um dia a família teria que saber... Assumi um compromisso comigo mesmo: dedicar-me ao máximo à família... Foi o que fiz: acompanhei os filhos se formando, os casamentos, os nascimentos dos netos: tudo com o máximo carinho... Com minha mulher, Lea, tratei de cercá-la de atenção e, felizmente, não foi muito difícil evitar relações sexuais. Como ela nunca foi muito chegada a isso, foi só criar algumas situações favoráveis... já dormíamos em camas separadas, com a desculpa de que ela sempre gostou de dormir cedo e que eu ficava trabalhando na sala, lendo ou vendo televisão, e porque fumava...

Soube que estou contaminado faz uns cinco anos... Graças a Deus, minha saúde é muito boa, então, não tive nenhuma grande manifestação das chamadas doenças oportunistas. Sob controle, imagine, houve momentos em que até me esquecia da soropositividade. Mesmo assim, eu nunca deixava de me cuidar. Com o passar do tempo, resolvi ir a um psiquiatra... faz uns três anos que estou em tratamento e uma das preocupações dele sempre foi me preparar para avisar a família... A isso, aliás, junte-se também a pressão do médico particular... eu protelei até onde deu, pois nunca achava que era chegada a hora... Nessa trajetória, o problema maior só aconteceu quando, há dois anos, mais ou menos, fomos para a fazenda de amigos em Minas. Era Semana Santa e precisávamos descansar um pouco... Foi lá que ocorreu o inesperado... Lea investiu o que pode sobre mim, e como estávamos dormindo em cama de casal, tornava-se mais difícil evitar... eu também estava sem sexo há muito tempo. Aconteceu. Aconteceu, acho, umas três vezes. Foi fatal... ela se contaminou... Nem tinha clima para se falar de camisinha...

Desde os dias em que tivemos essas relações, minha vida tornou-se um tormento ainda maior. As preocupações se somaram, multiplicaram e eu orava muito. Voltei aos poucos à religião. O meu desespero se deu quando, um bom tempo depois disso, Lea começou a ter diarréias constantes. Para ela era a comida, sempre: temperos, produtos estragados... eu estava ficando louco. Sonhava com ela correndo, andando em carros em alta velocidade... foi um horror completo, caindo em abismos. Em abril do ano passado, quando começou o frio em São Paulo, ela se resfriou e teve muita febre. Apesar de medicada, foi enfraquecendo a olhos vistos. A gripe virou pneumonia... eu estava apavorado. Foi quando conversei com o meu médico, como sempre, ele recomendou que eu falasse, imediatamente, com o médico dela... Não tive coragem... não tive coragem. Me acovardei. Ele insistia, se dispondo a ajudar.

Ela melhorou e resolvemos tirar umas férias. Fomos para Caxambu em Minas Gerais e passamos duas semanas maravilhosas... eu culpado, sim, mas dedicado a ela... Tinha que falar, mas me faltavam forças. Depois disso tivemos mais ou menos um ano sem novidades no andamento da saúde dela, ainda que eu estivesse sendo pressionado pelo meu psiquiatra e pelo médico da clínica em que me trato para contar tudo. Foi por essa ocasião que inventei a história das hemorróidas e com isso expliquei os cuidados que teria que ter até com as roupas. Continuei com a história das hemorróidas, que na verdade era uma fístula que precisava de cirurgia.

Quando começou esse último inverno, ela voltou a apresentar tosse, rouquidão, emagrecimento. O médico dela já deveria estar desconfiado, pois ela vinha perdendo muito peso... muito, e algumas manchas leves apareciam de vez em quando... Foi quando o meu médico me deu um ultimato: tinha que ser naquela oportunidade. Discutimos muito e decidi que daria pistas para ela descobrir e chegar até ele. Montamos uma estratégia que, aliás, foi sugerida por ele. Foi assim que aconteceu o caso da agenda... Provoquei tudo. Tudo... Tudo, e o resto você pode imaginar... forcei ela a "achar" a agenda, ver os endereços... foi o meu jeito de contar. Contei depois do fatídico dia da descoberta aos filhos em uma reunião com o médico na firma, e eles trataram de falar às noras... Felizmente minha mãe e meu pai me entenderam e deram apoio... de minha mãe eu nunca esperava... também não esperava o desprezo de um filho, ainda que outro tenha procedido como um amigo, mediador e conselheiro...

Enquanto Lea estava na casa de Martha, tive que arrumar minhas coisas e sair de casa. Por ironia fui parar em um *flat* que eu mesmo tinha ganhado em um negócio da família. Saí com todas as minhas coisas e nunca mais voltei para aquela casa... para a casa de minha história com Lea... Dias depois de instalado, fiz a cirurgia e durante a fase de recuperação pude avaliar toda essa tragédia... Sei que Lea é vítima, mas entendi que eu também sou. Não estou simplificando as coisas e simplesmente tentando achar uma desculpa. Ela foi infectada por mim. Eu fui pela minha história e pelo passado de minha família.

Estamos na Justiça, tentando repartir os bens. Ela manifesta o ódio que tem de mim através da tentativa de exclusão do meu nome de qualquer parte da firma... apesar de tudo, acho que tenho direito e que trabalhei muito para conseguir melhorar o patrimônio geral.. Além disso, preciso de dinheiro, pois meu futuro é incerto.

É interessante como reorganizei a minha história a partir desse ponto... Acho que minha vida foi um fracasso total como ser humano, mas, ironicamente, tenho esperanças de poder melhorar. Não consigo entender como tudo aconteceu...

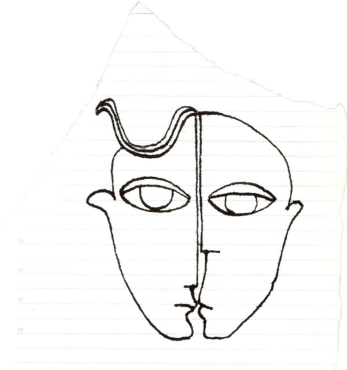

3.

Marcos foi pouco receptivo às entrevistas que se realizaram em seu consultório médico. Nos encontros para gravação, e principalmente depois, em um terceiro momento quando fizemos a conferência, senti que ele estava desconfortável com o andamento do projeto, com a exposição de sua intimidade pessoal e dos dramas da família. Preocupado, propus a ele que desistíssemos, mas ele insistiu, por achar que sua participação era parte de um todo do qual não poderia fugir. Fomos em frente e fizemos duas longas sessões de gravação. Foram entrevistas difíceis e ele, perante o texto final, cortou muito dos próprios comentários, permitindo de si um retrato oficial e bem retocado. Quanto à família, marcou o território das divisões. Por ser médico, seus receios em face das atitudes paternas iam além de bloqueios psicológicos e ele fazia questão de mostrar isso.

Não consigo aceitar e acho que não cabe perdão

Meu nome é Marcos, sou o filho mais velho de Lea e Augusto, vou completar 28 anos de idade no mês de dezembro próximo. Ironicamente, sou médico. Ironicamente, porque nada posso fazer para controlar a doença familiar. Sim, digo doença familiar, pois a aids nos atingiu a todos ainda que esteja instalada em dois corpos distintos. Sei que é triste dizer que mesmo tendo escolhido, desde muito cedo, a medicina como campo profissional, nada posso fazer. Nem como médico, como filho, como pessoa: nada posso fazer. Estou me sentindo mais vítima do que alguém capaz de reagir. Sinto-me constrangido, envergonhado, muito triste... muito triste.

Tenho que revelar que ser médico significa pouco quando se tem um problema de saúde tão perto, na própria família. Muito pouco ou nada vale a medicina nesses casos. A gente sempre aprende os limites da profissão, mas apenas experimentamos a verdade dos fatos quando somos diretamente cobrados de curas ou milagres... Quando chega a hora do confronto com a doença em família, aí sim compreendemos que as expectativas gerais se voltam contra a gente. No meu caso, ter alguém com hiv em nosso seio familiar me fez rever toda a minha educação. Nunca fui preparado para conviver familiarmente com doentes. Doente para mim era coisa da faculdade, hospital, consultório ou clínica. Toda a vida, em casa, sempre se falou de saúde, de beleza física, de jovialidade... Sempre foi assim: o culto à vida sã, esportista...

Mesmo quando decidi por medicina, parecia-me que era mais uma escolha de caráter social ou de continuidade. Como tenho alguns oftalmologistas na família de minha mãe, seguir essa especialidade foi uma decisão mecânica. Sou da terceira geração da mesma especialidade: quase uma dinastia de oftalmologistas... Atravessei os anos de faculdade como quem tinha que se livrar das matérias gerais. Fiz residência médica em "Oftalmo" e de lá saí para a clínica dos meus tios, irmãos de minha mãe... Sou mesmo um especialista: só cuido de olho, nem nariz ou garganta, nada: só olho.

Minha vida familiar foi comum, como a de qualquer menino da minha camada social. Nasci e cresci no mesmo bairro onde também estudei até a faculdade. Tive excelentes escolas e as dificuldades eram sempre vencidas. Com a dedicação de minha mãe e com boas condições de vida, pude ser bom aluno, diria até que fui exemplar em termos de notas. Talvez, tenha sido tímido demais, mas não acho que isso me afetou muito. De resto, tudo comum: clube, aulas de judô, curso de inglês e francês, festinhas... Demorei um pouco para começar a namorar, mas tudo deu certo depois que conheci Regina Helena em Campos do Jordão. Desde então estamos juntos, já há quase dez anos. Quando a conheci, ela tinha 16 e eu 19 anos e ainda éramos estudantes do secundário. Casamo-nos e hoje ela é física, faz pesquisa no Instituto de Física da USP.

Diria que, até pouco tempo, a vida tinha sido fácil. Sem problemas financeiros, tivemos, minha mulher e eu, apoio das duas famílias para estudar e depois para mobiliar nossa casa... E eu nem tive esse drama que todos têm quando se formam e querem montar um consultório. Tudo estava feito para mim. Diria até que a vida ganhou uma certa rotina cômoda depois de formado: eu trabalhava e ela estudava; viajávamos bastante; freqüentávamos uma roda de amigos exclusivos. Tudo bem dentro dos conformes esperado... aliás, nunca gostei de surpresas. Nunca.

Com meu irmão, Rafael, me dou razoavelmente bem. Razoavelmente, pois apesar de termos idades tão próximas – sou apenas um ano mais velho –, nossos amigos sempre foram diferentes... Ele é mais sociável, mais chegado às pessoas. O fato de ele ter optado por Direito dá a medida das variações de nossas personalidades. Devo confessar que sempre tive um pouco de ciúme dele, que, sendo caçula, naturalmente recebia maior atenção... até meus tios, irmãos de minha mãe, que são muito desligados, quando iam à nossa casa é para o Rafa que faziam a festa. Mas isso também entrou na rotina... Não tive muitos amigos e, sinceramente, achava meio chato essa coisa de turma, de bando de moleques andando por *shoppings*, de torcida de futebol...

Em garoto, minhas maiores alegrias eram os brinquedos de montar, alguns jogos eletrônicos que surgiam... lembre-se de que sou da geração que viu aparecer as calculadoras, computadores caseiros, fax, CDs, máquinas digitais... Sempre gostei de ler. Lia mais que a média dos meus amigos e um dos meus grandes prazeres era ler os livros que tinham versão cinematográfica. Conto isso porque pode dar idéia do quanto minha mãe era boa: ela me incentivava mesmo sabendo da dificuldade de transformar isso em *hobby*... quando conseguíamos alguma coisa assim, era uma festa... Com meu pai era bem diferente. Ele sempre trabalhando, sempre ocupado, não dava espaço para muita coisa. Lembro-me de uma certa cerimônia que existia entre ele e mim... lembro-me bem disso!... Talvez, a culpa nem fosse tanto dele, pois era mamãe quem reforçava a idéia de que ele estava só trabalhando e que o trabalho dele era importante para todos.

Retomando a minha história pessoal, vejo que fui mesmo diferente de tantos outros meninos: nunca fumei, jamais bebi, não quebrei braço ou perna, futebol não era minha maior diversão, não tive dificuldades nas escolas, a saúde sempre foi boa e não me julgava feio... nem espinhas eu tive... De problemas, posso dizer das dificuldades normais de todo rapaz. Como era retraído e como tinha pouco convívio com meu pai, foi através da escola que tive as instruções necessárias sobre o corpo. Pensando bem, eu tinha sim curiosidade, mas ela era satisfeita com pesquisas em enciclopédias. Posso dizer com certo orgulho que minha primeira relação sexual foi com minha esposa... mas não gosto de falar dessas coisas mais íntimas.

Como casei cedo, mantivemos um relacionamento familiar com nossas duas famílias, constante, ainda que com distâncias. Uma vez por semana íamos jantar com mamãe, ou melhor, com a minha família... mas como sempre, sempre, era só ela, até chego a pensar que o compromisso era nosso e dela apenas. Descreveria minha mãe da seguinte maneira: mulher fina, educada, incapaz de falar mal de alguém, aparentemente satisfeita com a vida, sempre muito arrumada – ela gostava de roupas novas – e, sobretudo, era uma pessoa doce. Minha mãe foi o que todo filho gostaria que a própria mãe fosse. Não era do tipo dessas que vão para a cozinha, não... isso não, mas sabia comandar uma casa de família mesmo não sendo chegada à cozinha... Devo dizer que isso vem de longe, bastaria alguém saber de minha avó, mãe dela, para adivinhar.

Meu pai era e é um enigma para mim. Como sou mais parecido com o lado materno, sou bem claro, mais para loiro que para moreno, cabelo liso, senti logo que o meu modelo seria da família de minha mãe ainda que eles dessem mais atenção para o Rafa. Eu puxei mesmo o lado materno. Pronto... A grande prova da distância entre mim e meu pai é que o chamava de "senhor" enquanto o Rafa não... para o Rafa, papai era "você". Mesmo assim, não tive, porém, grandes enfrentamentos com meu pai... Nunca. Mas não saberia dizer se isso afetou o tipo de reação que tive com a descoberta de tudo que ele causou ou que está causando. Sabe, eu não consigo aceitar e acho que não cabe perdão.

Desde que soube que seria entrevistado para este projeto, comecei a organizar minhas idéias e logo decidi que seria importante demonstrar o tipo de educação que tive e que minha personalidade é mesmo mais retraída, e que isso influiu na forma de aceitação dos fatos e na minha reação. Não... não consigo aceitar por motivos éticos, morais e profissionais também... Não aceito em meu pai o que não aceitaria em nenhuma outra pessoa e em nenhuma situação. O fato de eu ser seu filho não altera, e nem poderia alterar, minha conduta... Para entender melhor isso, é preciso saber como as coisas foram sendo encaminhadas, como meu pai controlou tudo e todos.

Meu pai sempre vendeu a imagem do executivo ocupado, trabalhador, eficiente, bem-sucedido e respeitado pelo seu trabalho. Era modelo de honestidade. Não me lembro de algum dia em minha vida ter ouvido dele as tais histórias do menino pobre, que veio de baixo... Que ele morou na Brasilândia, nesse bairro pobre, eu apenas soube recentemente, mas mesmo assim acho que isso não é desculpa para nada. Para mim, antes de tudo acontecer, era como se o passado dele não existisse... Minha avó, mãe dele, era muito afetada e nunca exerceu uma influência notável sobre mim. Ela nos dava presentes, telefonava, ia às festinhas nas escolas, mas só. Eu sentia que entre as duas avós havia uma distância que nunca foi vencida. Mas, por outro lado, meu pai também não se ligava mais tanto nela... Aliás, meu pai era apenas aquela máquina de trabalho... Acho que como ele não podia nunca estar presente nas horas certas, em termos familiares, era a minha avó, mãe dele que cumpria esse dever, mas o fazia com artificialidade. Vou lhe dizer uma coisa que nunca antes admiti: se não fosse minha mãe insistir, acredito que meu pai não se lembraria sequer do aniversário dos filhos. É verdade que papai, nos últimos tempos, virou caseiro, mais atencioso... Mas agora sabemos por que... até religioso ele voltou a ser... imagine só! Deixou de fumar... De qualquer forma, isso também não influenciaria em nada, pois eu já estava casado, fora da casa dele, quando se deram essas "desgraças".

Não que as mudanças no comportamento de meu pai não fossem notadas quando ele ficou doente, mas a tensão, o nervosismo ou até a depressão tinham justificativas imediatas e convincentes. Lógico que notamos, mas tudo tinha sempre uma explicação racional, a partir do trabalho dele na firma do meu avô. Além de tudo, como ele nunca nos deixou aproximar de sua intimidade, não seria depois de casado que eu iria mudar. Numa análise mais fria, diria que o ponto de partida para o entendimento de tudo, para mim, se deu quando surgiu a tal história da cirurgia uns tempos atrás, há mais ou menos um ano. Como sou médico, mesmo não estando próximo daquela especialidade, teria como ver, como dar palpite sobre o cirurgião... O fato de simplesmente ter sido informado, me chamou a atenção, mas, pelos antecedentes, logo fiquei imaginando que ele dispensaria minhas opiniões... mesmo assim, contudo, procurei saber alguma coisa. Logicamente, os nomes de quem ele falava eram os melhores e isso bastava.

Com mamãe a coisa era exatamente oposta. Ela sempre pedia minha palavra e eu até achava chato, pois não se tratava apenas de dizer sim ou não, eu tinha que acompanhar as histórias, os efeitos dos medicamentos e até as complicações com as consultas... Como mamãe sempre foi magra e preocupada com peso, quando ela ficou severamente gripada – já na fase do hiv –, eu aconselhei um bom nome de colega... Ela, contudo, tratou a coisa como se fosse algo passageiro... de verdade ela melhorou, mas o peso ia diminuindo sensivelmente. Eu jamais imaginaria alguma coisa na linha do hiv para minha mãe... Nem eu nem ninguém em sã consciência... Então era mesmo natural acompanhar tudo de maneira superficial. Apenas mudei de atitude, me assustei, quando as manchas começaram a aparecer... Até então, vivia um quadro de aparências em relação à saúde dos dois. Mesmo depois, não podia imaginar relação entre ela passando mal e ele aparentando boa saúde.

Essa história da agenda está parada na minha garganta. Travada. Chego mesmo a pensar que quem tramou tudo sozinho foi o médico, aliás, ele mesmo disse na reunião que tivemos no escritório da firma quando tudo estourou... foi tudo um truque, uma outra atitude covarde de alguém que não foi capaz de assumir a responsabilidade da barbaridade feita. Sabe, acho ridícula essa história toda de agenda, de pressão do médico... ele foi fraco mesmo... A história da agenda só foi revelada depois... eu sabia, como todos, que papai era guiado pela agenda, que a gente até chamava de "bússola". E ele cuidava dela como um cão de guarda... ele jamais a deixaria solta na mesa ou em outro lugar... ainda mais constantemente. O fato de mamãe ter "descoberto" os endereços na agenda me foi contado por ele. Sinceramente, acho que ele ao revelar tudo criava uma expectativa de que nesse fato estaria a remissão dele. Aos poucos, em vez de compreender e apóia-lo fui ficando com mais raiva. Afinal, não seria o fato de ele ter deixado ela achar os endereços que resolveria a questão. Se ele tivesse a hombridade de contar logo no começo, logo no comecinho, tudo poderia ser diferente. E mamãe até poderia não ter entrado nessa fria.

Minha reação com os dois foi polarizada. Com ela, procurei ter mais carinho, cuidado e jeito. Com ele, não consigo disfarçar o desprezo e a revolta. Tem dias que até me esforço, mas não dá. Não dá mesmo... então tudo fica muito difícil. Nunca pensei na profundidade e no desafio da tradição religiosa e cultural que nos força a ter respeito pelos pais. Essa coisa do "honrar pai e mãe" é uma faca no pescoço. Devo honrar a minha mãe, e honro, mas meu pai... Eu não consigo mesmo aceitar. E vejo no rosto de muita gente que não sou só eu. Chega a ser curioso como para a mamãe eu me sinto filho. Para ele no máximo sou médico. Falo com ele, mas comentamos o trivial, as coisas práticas. Sinceramente não sinto nenhuma vontade de ter com ele uma dessas conversas francas que poderiam caber numa situação como essa.

Como minha mulher está grávida, ela evita um pouco ir à casa visitar mamãe. Levo minha filha Lara de vez em quando, mas acho chato essa história de, de vez em quando, ter que colocar máscara para ver mamãe. Todos ficamos vexados, principalmente ela. Outro dia vi Regina Helena dizendo para Lara que a "vovó estava dodói"... achei cômodo o termo "dodói" e de maneira infantil me senti criança também preferindo achar que a aids em minha mãe era só "dodói".

Não procuro me meter nessa história de partilha de bens. Graças a Deus, o advogado da família é o Rafael e ele sabe bem tratar dessas coisas. Entendo e dou razão para mamãe e para a família dela, para os meus tios... Reconheço o trabalho de meu pai, seu esforço para acertar tudo, mas a base e o sustento sempre vieram da família da minha mãe. Não deixa de ser irônico e revelador o fato de ele ter saído de casa e tudo continuar exatamente como estava... Ele não tirou nada das paredes, dos móveis, dos enfeites... é tudo como se fosse sempre e só da minha mãe. Nem o escritório dele ficou diferente. O paradoxo é que ele levou tudo que era dele... e nada mudou.

Uma vez fui visitá-lo no *flat*. Levei Lara comigo, mas senti-me tão pouco à vontade que o primeiro pedido dela para ir embora bastou para me despedir dele... por outro lado, mesmo com mamãe as coisas mudaram tanto. É triste dizer, mas não consigo mais me comunicar com ela como antes. Nem ela tem energia para isso. Quando ela vê a Lara, de longe, fica tão emocionada que logo tenho que sair do quarto... O nosso calendário virou um tormento. Não podemos mais marcar nada com antecedência e simplesmente cumprimos um ritual esperando que tudo acabe logo. O Natal virou um tormento; a passagem de ano outro e os aniversários mais ainda.

Como médico sou contra a eutanásia. Aliás, não só como médico, como ser humano também, mas o que fazer ante um quadro como esse? Os avanços da medicina falam de melhorias, o tal coquetel está sendo testado com sucesso, mas no caso de minha mãe não dá... não há salvação possível...

Converso pouco sobre tudo isso com meus familiares. Em casa, sinto a preocupação nos olhos de Regina Helena e a entendo. Esse segundo filho que vem a caminho poderia estar sendo esperado com outro clima... mas, não consigo ser neutro. Não vejo saída a não ser esperar que a dor que passamos possa um dia deixar lições que não notamos agora.

4.

Foram cinco os encontros com o simpático Rafael. Todos bastante emocionantes. Com aspecto jovial, o moço recebeu-me na casa da mãe reconhecida como "a minha casa", e lá foram feitas as entrevistas com ele. E era evidente a facilidade com que se movimentava por todos os cantos e principalmente como se relacionava com os serviçais. Aliás, foi ele quem indicou com quem deveria "conversar" depois. Quase não precisei falar nas três gravações feitas e, quando nos encontramos duas vezes depois, poucos foram os retoques feitos nas entrevistas. Afora a questão relativa à agenda, os temas todos foram tocados por Rafael que foi repetitivo em termos de "lições da vida". Sobretudo, impressionou-me a forma com que ele organizou uma periodização dos acontecimentos, mostrando inclusive como o impacto da tragédia o obrigou a repensar todos os seus valores. Ele parecia parte natural daquela casa que continuava a ser "dele". Com sua parte da venda da casa, comprou outra perto daquela que tanto gostava.

Nunca acreditei na inocência... nunca

Meu nome é Rafael. Tenho 26 para 27 anos e sou o caçula da família Gonçalves Fonseca. Advogado, casado, pai de Camila, nasci e vivi nesta casa... Aliás, gosto da idéia de que esta entrevista seja feita aqui, neste jardim... até me vejo menino outra vez, correndo pelos cantos, me escondendo por aí. Tudo lembra minha vida e, mesmo não morando mais aqui, me refiro a este lugar como "a minha casa"; Letícia, minha mulher, até dá bronca... Fui uma criança feliz, brinquei bastante e fiz tudo que tinha que fazer na época certa. Tive carinho e apoio de todos. Minha casa vivia cheia de amigos, parentes e até achava que o mundo era bom. Na adolescência, tive minhas crises sim, mas nada demais. Nada fora do comum.

Meu relacionamento familiar sempre foi bom... talvez pudesse ser melhor com meu irmão, mas isso dependeu também um pouco dele. Como eu fisicamente cresci mais do que ele e sempre fui muito popular por causa dos esportes, ele ficou meio duro comigo e disputava bastante um lugar nas preferências familiares. Ele tinha razão em achar que eu era o queridinho de todos. Muita razão, mas eu não tinha culpa nenhuma disso... mas nos damos bem hoje...

Meu pai foi atencioso... não demais, mas também não de menos. Na medida, diria. Ele trabalhava muito e transmitiu a nós todos muita segurança na estabilidade familiar. Meu avô, pai de minha mãe, acho, gostava mais dele do que dos próprios filhos... era com papai que ele se abria, conversava, acertava os negócios. Mamãe sempre foi a mulher perfeita... eu a adoro... todo mundo gosta dela e não tem como ser de outra forma. Sempre me lembro dela falando calmamente, sorrindo. É difícil descrevê-la... Imagine a dificuldade que tenho de vê-la agora. Guardo boas recordações de quando, menino, chegava sujo de barro, molhado da chuva, melado de doces, e corria até ela e a via se desmanchar entre a bronca e a ternura de me ver daquele jeito. Mesmo ela sendo a senhora respeitável que era, eu até grandinho, gostava de me sentar no colo dela e dar um beijo estalado nela. Até hoje, mesmo ela doente, gosto de beijá-la e nem sempre tenho disposição para usar a máscara recomendada nas crises... ela tem tossido muito: tuberculose, pneumonia...

Não fui, na escola, tão bom aluno como o Marcos. Ele era bem melhor nas notas. Eu era mais atirado nas farras, gostava de organizar as coisas e fui líder estudantil muito novinho: cheguei a presidente do grêmio. Era sempre escolhido como representante de classe e sabia ser o preferido dos professores. Não era militante político, essas coisas não foram da minha geração, mas era o organizador das festas. Comecei com essas histórias de namoros muito cedo... desde menino sempre achava bom ter alguém de quem gostar, em quem pensar... e eu tinha. Das matérias da escola, a minha favorita era português... eu tinha uma memória de elefante... decorar era comigo mesmo. Sabia versos de cor, manejava bem a escrita e tinha bastante lábia. Fui orador da turma tanto no segundo grau como na faculdade... E olhe que ser orador da turma na faculdade de Direito não é pouca coisa, não.

Como nossa casa era bem grande, dormia em quarto separado do Marcos. Na época era bom, pois cada um poderia cuidar do próprio canto como quisesse. Vendo hoje, acho que foi um erro porque não aprendemos a dividir nada, não tínhamos porque brigar e não desenvolvemos nenhuma prática de discussão. Tenho só uma filhinha, de um ano, mas desde já procuro falar da importância de saber repartir... Infelizmente, eu repartia as coisas mais com os colegas do que com meu irmão... Sempre me sobressaí e fazia sucesso entre as meninas. Além disso, sendo bom esportista, principalmente em natação e vôlei, aparecia bastante. Depois entrei em um conjunto musical bem popular em nossa turma chamado *Ba-be-bi-bo-BAND*. Era um sucesso só... a gente treinava na casa de um dos participantes e garantíamos nosso dinheirinho nas festinhas: era a glória... No mais, era sempre aquela coisa de acampamento, férias, passeio, *Disney*... Cheguei a experimentar maconha, mas não gostei... nem de cigarro, que, aliás, detesto... Cigarro era uma coisa que eu nunca gostei em meu pai... sempre condenei.

Quando chegou o tempo do vestibular, como não passei na USP, entrei em outra faculdade que também era muito boa. Desde o segundo ano, gostei de Direito Penal... certamente, foi por causa do professor que é um dos mais competentes e sérios do país que resolvi então ser criminalista. Não é dos ramos mais rentáveis, mas estou em um bom escritório e lá me sinto bem. Profissionalmente, o prestígio familiar, em particular de meu avô, me ajudou bastante. Mas não quis ficar como advogado da firma. Não quis mesmo... seria demais para minha personalidade... Acho que esta foi uma escolha bem sensata: achar o meu caminho e fazer a minha estrada.

Casei-me com Letícia, a minha Leta, como a chamo na intimidade... Conhecemo-nos aqui nas vizinhanças e entre uma namorada e outra ela sempre pintava, até que se tornou a definitiva. Vivemos muito bem... Ela, sim, trabalha na firma da família, mas como administradora... Leta e mamãe se dão bem, são amigas de conversas intermináveis. Talvez por isso Leta seja uma das pessoas que mais sofrem com essa história toda... ela sofre mais do que nós filhos, pois se identifica com mamãe além das relações sanguíneas que temos. Marcos e eu, como filhos, segundo ela, temos obrigação; ela não. A profundidade dessa constatação é um tema desafiador. Os limites da aceitação e as barreiras que nos impomos são imensas.

Sabe o que aprendi nessa experiência toda: que podemos passar a vida sem precisar redefinir relações, mas é no sofrimento que nos distinguimos. Sei que falando isso pode parecer pouco, mas é importante ser valente o suficiente para ganhar com as perdas. Se não crescemos na dor, viramos também vítimas. Hoje eu vejo o mundo diferente... muito diferente. Somente agora posso dizer que não vivi em profundidade até que toda essa história aparecesse. Com certeza, a vida hoje é outra coisa... e em certos aspectos até melhor.

Sempre fui "pra frente"; nunca me escandalizei com nada e nem com ninguém. Tive alguns amigos bichas e não os humilhava ou fazia brincadeirinhas... Não andava com eles; isso não, mas eles sabiam que não era contra. Alguns desses eram bem discretos e até se abriam comigo... nunca nenhum deles tentou nada e nem fez alguma coisa para se aproximar sexualmente de mim. Nunca... contudo, apenas agora consigo ver como sempre fui machista mesmo naquela tolerância... Aprendi recentemente o significado do termo "homofóbico" e, fazendo uma rigorosa meditação íntima, concluí que eu não sou homofóbico, mas que na tolerância que eu achava que tinha, havia sim um certo preconceito...

A coisa pega mesmo quando esse papo passa para a sala de estar da nossa própria casa; aí sim a gente percebe como tudo acontece... Quando chega ao pai da gente então!... Nossa!... E tudo aconteceu conosco sem preparação. Foi assim, da noite para o dia, sem anestesia, sem preparo: tudo estourou da pior forma... Não desejo isso nem para o pior dos inimigos... Se achava chocante alguém ter pai homossexual e que isso poderia estar entre as piores coisas do mundo, depois que soube que minha mãe pegou o vírus da aids dele, isso ficou menor. De repente a situação familiar virou um mar em fogo. Era um tal de cada um cuidar de si, porque todos ficamos mal... e, ao mesmo tempo, um tinha que se preocupar com o outro, pois não havia tempo para nada. Nada... na mesma hora em que precisávamos saber como íamos nos arrumar internamente, tínhamos que acudir mamãe, papai, nos olhar, pensar na infra-estrutura conveniente para sustentar tudo... Até na firma, que nunca foi preocupação nossa, eu tive que considerar como um "problema"...

Diria sem medo de errar que eu tratei em primeiro lugar de organizar meu espaço familiar. Leta ficou muito abalada e, como eu previa isso, resolvi que quem deveria informá-la de tudo seria eu mesmo. Fiquei sabendo pelo papai, que me chamou com o Marcos e o médico dele para uma reunião que aconteceu no escritório dele, na firma. Foi uma conversa a quatro e o médico cuidou de tratar tudo bem tecnicamente. Disse algo mais ou menos assim: sou infectologista; fui procurado por seu pai e depois de confirmados os exames ficou constatado que ele era "portador", tratei e trato dele e, de um modo geral, ele está bem, sob controle. Olhando com certa benevolência para meu pai, disse: ele, ao longo desses anos todos, teve dificuldades em falar com sua mãe e ela acabou sabendo por uma estratégia montada por nós, para que "achasse", em uma agenda, o endereço da minha clínica. Dizia o médico que ele tinha obrigações éticas com o paciente dele e que não cabia a ele revelar nada, mas sim induzir o paciente a fazê-lo. Depois, a conversa que durou mais ou menos meia hora com o médico foi encerrada com conselhos dirigidos à necessidade de calma, de aceitação e cuidados práticos... O médico saiu da sala deixando-nos os três calados. Papai falou passados alguns minutos de mórbido silêncio... assumiu a culpa e pediu que o perdoássemos... Houve um silêncio prolongado e o olhar estático de meu irmão pesou sobre mim, não sei por quê... Finalmente, tomei a iniciativa de perguntar onde ele ia dormir naquela noite, pois já sabia que mamãe estava em casa da "tia" Martha. Ele disse que o chofer o iria levar para um *flat* e que no outro dia, numa sexta-feira, ele não iria ao escritório, mas que gostaria de nos encontrar no sábado. Foi tudo meio lacônico, protocolar, estranho e nervoso... tudo sem muitas palavras... Na saída, Marcos nada disse e eu prometi telefonar para ele no outro dia...

Quando entrei em meu carro, que me vi sozinho, olhei de lado e vi que Marcos, no carro dele, também estava sem ação. Não tive forças de sair e provocar uma conversa. Faltava-me chão... faltava-me força... talvez eu devesse abraçá-lo, beijá-lo, chorar com ele, enfim, fazer o que nunca fizemos... Não sei dizer como consegui chegar em casa. Nem sei o que pensei no caminho, mas acho que foi alguma coisa tola, do tipo: reforma na casa da praia, mudar a conta bancária ou um presente que deveria comprar. Não sei... não me lembro... mas cheguei e sei que espalhei uma energia negativa. Fui para o meu banheiro e lá, olhando no espelho, chorei... foram as primeiras lágrimas de uma coleção que não terminou ainda. Sei que é estranho dizer, mas aprendi a chorar depois que entrei nessa encrenca. Com isso estou dizendo que tenho chorado muito... muito, mas sempre sozinho.

Sei que funciono como o ponto de equilíbrio nessa história toda. Meu pai, mamãe e até meu irmão esperam que eu seja o grande negociador, ou pelo menos o que resolve as coisas práticas, o que toma medidas e assume o caso. Até as questões financeiras, que eu detesto, ficaram por minha conta. Nesse campo, aliás, atuo do jeito que dá. Tenho deixado muita coisa para trás, pois não consigo e não quero entrar nessa onda que mamãe inventou de separar os bens comuns... mas para ela isso é a sua razão de vida: tudo o que ela quer é prejudicar papai.

Sabe como me sinto? Como um ângulo aberto a tudo e a todos. Talvez esse seja um sentimento comum... é possível que todos se sintam como ângulo a partir do qual se organizam as coisas, pois, afinal, como não filtrar tudo começando pelas dificuldades pessoais?!... Quero que saiba que estou sofrendo muito. Essa história parece uma novela de televisão na qual, se eu fosse espectador, seria agente passivo... mas sou ator, participo da trama e então me desespero com os papéis que tenho que viver. É lógico que existe uma hora em que você acha que tudo é um pesadelo e que você vai acordar e que seu pai não é bicha e sua mãe não contraiu aids... Mas é verdade...

Soubemos de tudo faz uns cinco meses... já era tarde para atender melhor mamãe. Se tudo fosse esclarecido no começo, se o problema

fosse detectado no início, teríamos condições melhores de tratamento... mas não: papai foi covarde e não deixou tudo claro. Se o
problema fosse constatado logo no início, quando a carga viral estava
ainda baixa, as condições de sobrevida dela seriam bem melhores...
mas não, ele teve receio, pudor, dúvida, medo ou sei lá o que lhe
passou pela cabeça. Quando soubemos, a debilitação de mamãe já era
grande e irreversível... o CD4 dela já acusava uma carga viral bem
desenvolvida... e fatal!

Sobre julgamento?... Tenho enorme dificuldade. Sei da inocência
absoluta de minha mãe... quanto a isso não tenho a menor dúvida...
É lógico que condeno meu pai pela transmissão da doença à minha
mãe... isso é claro. Acho, porém, que temos que relativizar tudo... É fácil
jogar pedras... muito fácil, aliás. Mas fico pensando em suas razões... sei
que meu pai, juridicamente, seria condenado como causador de um cri-
me que estaria nas raias do "hediondo", porém, como sou daqueles que
acham que toda versão tem dois lados, me coloco na fila dos que "precisam de tempo" para um julgamento mais conveniente... sei que, afinal,
meu pai não merece toda a culpa que, facilmente, a ele imputamos...
Ele deve ter suas razões, seus bloqueios... sou daqueles que acreditam
na bondade humana e na combinação da vida com erros e acertos... Por
outro lado, nunca acreditei na inocência... nunca. Acho que todos somos
humanos, gente, e isso me faz posicionar no tal ponto de equilíbrio.

Entendo minha mãe... sei que o ódio que ela desenvolve em relação a papai é justo... ela é a grande vítima... mais que ninguém é
ela que sofre as conseqüências dos atos irresponsáveis dele... é no
corpo dela que a doença se manifesta em sua gravidade mais acentuada. Sei disso... Sei da revolta que assola Marcos, que, além de tudo,

coitado, é médico. Bem sei da dor e da perplexidade que Leta sente e da cumplicidade que ela desenvolve em relação a mamãe. Imagino o que todos os demais estão sentindo agora... e me pergunto: "e agora, Rafael?"... E meu "agora, Rafael" estaria inclinado a jogar para o futuro a decisão, o julgamento, a condenação.

A maior lição que tiro disso tudo é que a vida é mesmo uma arte... complexa arte, diria! Aprendi que podemos passar a existência sem senti-la, mas que, quando ela se impõe é impossível esquecer seus poderes... É aí que entra o sentido artístico da vida: saber transformar tudo em artigo de admiração. Sei que ninguém sairia igual de um trauma tão grande. Ninguém... passei por fases muito claras nesse processo todo: primeiro veio um vazio e junto com a surpresa o desespero; em seguida, um sentimento de abandono e de orfandade, pois considerava que tudo acabaria em alguns dias, com a morte de ambos os pais; depois comecei a reagir e tomar consciência da necessidade de liderança do processo; outra fase foi a de instrução sobre detalhes da doença... nesse sentido, aliás, foi incrível que eu, advogado, e não meu irmão que é médico, é que tive que assumir o comando das coisas. Finalmente, tudo ficou mais fácil depois que aceitei e consegui reorganizar minha vida familiar e social. Nos seis meses que estamos nessa situação, acho que envelheci uns vinte anos... Mas voltando ao tema da arte da vida, acredito que saber viver esse tipo de experiência é um pendor. Orgulho de ter conseguido, de ter chegado até aqui... não sei como vai ser daqui para frente, mas sei que por agora estou bem.

A história da agenda faz muito sentido. Vendo agora, sei que tudo não passou de uma montagem conforme o médico disse. Tenho certeza de que foi o médico que arranjou a história como uma forma de revelar tudo... mas foi traumático. Mamãe, até agora, acha que foi ela que descobriu tudo... isso é ruim, melhor teria sido ele falar diretamente... mas imagino o pânico dele. Sei que papai é vaidoso e nós mesmos alimentamos a idéia de que ele seria o nosso herói, um pequeno deus, alguém que veio lá de baixo e se fez sozinho... Então, para ele, quebrar essa imagem seria demais. Mas não teria como continuar como se nada tivesse acontecido. Quando me lembro da agenda, penso no significado das coisas não ditas abertamente...

Como lhe disse, sou muito chorão... acho que vou me desmentir... disse que não chorava em público, mas...

5.

Leta foi como uma ponte entre o núcleo da família sanguínea e as demais redes. Combinando uma posição "histórica", de alguém que se vê entre uma proposta social estabilizada e outra que propõe ameaças em nome de uma modernidade estranha à sua educação, Leta revelou o esforço para que não se desesperasse. Intimidada, a moça mostrou seu lado bom e sensível. Encontramo-nos poucas vezes sempre em seu ambiente de trabalho, mas, além desses contatos, conversamos bastante por telefone. Isso, aliás, era melhor para ela. A questão feminina, no caso de Leta, se mostrou mais forte do que a familiar, ambas, porém, menores do que o medo de mudanças. Os problemas de classe social, da educação superprotetora das moças da elite, repontou de maneira conseqüente em sua fala.

O que se passou conosco continuará por muito tempo

Antes de mais nada quero dizer que hoje sou outra pessoa... outra pessoa: nova, mas amargurada e descrente... Tenho o mesmo nome de batismo e casamento: Letícia Maria Souza Arantes Fonseca; o mesmo número de carteira de identidade, o mesmo endereço e a mesma conta bancária... mas sou outra pessoa. E não adianta dizer que a aparência é a mesma porque não é de jeito nenhum. Como todos, também fui afetada pela notícia e pelo desenrolar dos fatos que atingiu a família de meu marido. Posso garantir que a aids é uma doença comunitária, abrange todos. Tenho 26 anos, sou casada com Rafael e tenho uma filhinha, Camila... amo minha família e se pudesse levava todo o meu mundo para bem longe daqui.

Vivemos muito bem, meu marido, minha filha e eu. Temos tudo do bom e do melhor e também a consciência de que somos privilegiados. Acredito, ainda, que somos felizes, mas até pouco tempo atrás eu tinha certeza absoluta de que éramos a família mais realizada do mundo e que nada poderia abalar a solidez de nosso lar... Não estou dizendo que seja infeliz agora e que nosso mundo está destruído... não... mas jamais será a mesma coisa. O que se passou conosco continuará por muito tempo... Sabe? Foi como se pegasse uma faca afiada e dividisse a vida em dois pedaços. Hoje, se alguém me perguntar qual o fato mais importante de minha história não direi que foi o dia do meu casamento, o nascimento de minha filha, nada disso. O dia mais importante da minha vida foi quando soube do caso da Lea... O caso da Lea foi o "furacão Andrew" da minha vida. E é triste quando você passa a ver a vida, a dividi-la segundo problemas e não coisas boas.

Eu me pergunto por que essa história me abalou tanto, pois, afinal, não sou filha do casal... sou apenas nora, mas também sou mulher, esposa e mãe da neta de Lea e, então, não tenho como não chorar. Lea e eu sempre fomos tão ligadas, tão unidas, tão íntimas!... Ela sempre me dizia, como quem conta um segredo, que a diferença dela para mim era uma questão da letra "t", ela era Lea e eu Leta... e como eu gostava dessa aproximação!... Hoje me sinto uma estranha quando estou com ela, como se não nos conhecêssemos... Não consigo mais quebrar a distância e sinto que eu mudei mais do que ela em relação a nossa amizade. É muito dolorido confessar isso... choro quase todos os dias... choro por não saber como atuar... acho que sou bem fraca. Infelizmente...

Sinto-me afetada enquanto mulher porque vejo na atitude do seu Augusto um ato machista e covarde... Ele foi muito patife... imagine infectar a própria esposa e não revelar nada por esse tempo todo!... Acho que nós mulheres de uma certa posição social somos muito mais frágeis do que o pessoal da favela. A gente se esconde sob um manto de superioridade e de repente precisamos ver as peças de Nelson Rodrigues para entender melhor como se passam as coisas... De qualquer maneira, isso não alivia o fardo das mulheres educadas para a passividade, para o lar, maternidade e atividades sociais. Para mim, reconhecer nessa história a história das mulheres brasileiras de classe média foi um choque... choque porque não é por eu trabalhar, ter independência econômica, ser instruída, que estou livre de ser atacada por uma situação assim. É preciso dar uma parada na vida e sacudir tudo para a gente acordar. Nós mulheres da classe média vivemos em redomas, protegidas de algumas coisas e expostas a uma vida material exagerada, cheia de conforto, de luxo, exterioridades, mas muito mais expostas em situações adversas. Temos medo de ver a transparência da verdade, muito medo. Muito. Acredito firmemente que o pavor que senti ao me deparar com esse quadro se deveu ao fato de constatar a minha fragilidade... Nunca gostei da expressão "sexo frágil", mas culturalmente não tenho como reconhecer que não somos frágeis e que o mundo é machista...

Pode parecer exagero eu colocar a questão feminina acima do relacionamento familiar... mas é assim que me sinto... Sou primeiro mulher, e reconheço nessa ligação minha fragilidade... Depois vem a questão familiar... que também dói muito... muito. Tinha Lea como minha amiga, confidente... era com ela que me abria e sentia uma ternura enorme em seu olhar. Quando não nos víamos diariamente – porque moramos perto –, trocávamos horas no telefone, todos os dias... Adorávamos ir as compras juntas e nos finais de semana, quando o Rafa saía para o clube, eu corria para dar uma volta com ela. Imagine que até da amiga Martha eu tinha ciúme... De qualquer forma, perto da Lea eu me sentia protegida, uma *enfant gâté*...

Mas foi igualmente complicado separar os meus sentimentos de mulher, de amiga, das funções de nora e de esposa. Como nora, acho que deveria ser mais atuante na administração da casa de Lea, no acompanhamento prático da vida dela... mas não consigo. Simplesmente não consigo. Também é bastante difícil dizer que como esposa não estou sendo aquela mulher ideal, pois preciso mais do apoio do Rafa do que ele tem podido me dar. E dói muito confessar que cheguei a pensar em como eu reagiria se estivesse no lugar dela, sabendo-me traída e infectada pelo homem a quem tanto me dedico... Ah! É um horror.

O melhor que consigo fazer é tentar dividir os meus problemas íntimos como se fosse duas. Pura fantasia, mas brinco comigo mesma dizendo: agora eu sou a nora, a esposa e a mãe... Então procuro fazer as coisas práticas da vida como se elas não tivessem qualquer ligação com os meus problemas de aceitação emocional... Outras vezes, a maior parte do tempo, misturo tudo e sou um desastre. Tenho também observado um comportamento estranho em relação aos amigos, vizinhos e pessoal do trabalho: acho que todo mundo está nos olhando, comentando a boca pequena e que disfarçam os atos explícitos de espanto, até as gentilezas exageradas eu noto e anoto como falsas... Sabe o que é horrível mesmo? É sentir culpa por essa história... pode uma coisa dessas?... Em vez de vítima, sinto-me culpada. Ah!...

Converso pouco sobre o fato com o meu marido. Falamos bastante das medidas a serem tomadas, da relação com os demais parentes e empregados... Ele comenta muito sobre despesas e ficamos perplexos com os problemas que aparecem... um deles, aliás, pode dar medida da loucura que é tudo: imagine que mesmo tendo planos de saúde, todos nós, eles preferem não usá-los para nada, pois daria na vista. Isso não é uma tragédia? E o que é pior é que insistimos em manter a aparência externa – externa, porque a interna já está comprometida faz muito tempo. É estranho eu chegar no escritório, na firma da família, olhar todo mundo, dar um sorriso de bom-dia, perguntar das crianças dos outros e dizer que *"em casa também está tudo bem, tudo azul*"... Cada vez que penso no tal de *"tudo azul"*, tenho vontade de completar *"azul-marinho, quase preto"*...

Soube de tudo ao mesmo tempo que o Rafa. No dia em que ele soube, depois da "visita" da Lea ao médico de seu Augusto... ele chegou em casa desesperado e logo foi para o banheiro. Eu estranhei de cara, pois ele tem um terrível defeito, que eu detesto, quando ele chega, joga a pasta na cadeira, tira a gravata e a deixa na sala, na mesa de jantar ou em qualquer outro canto... isso me enlouquece... pois bem, naquele dia ele entrou direto, de pasta e tudo foi para o banheiro. Eu estava deitada lendo o jornal na cama e ele passou com um olhar gelado. Pobre Rafa!... Ele, coitado, entrou no banheiro e logo comecei a ouvir uma espécie de choro... Não podia ser, pensei... mas era. Ele chorava muito e eu assustada o abracei. De início pensei que ele tinha atropelado alguém e fugido; que tinha sido assaltado ou perdido algum amigo querido... Ele chorou muito, providenciei um copo de água e depois de horas ele foi se acalmando e já deitado me contou que *"mamãe está muito doente e é mais do que um câncer"*... Por fim, depois de rodeios, ele revelou... Sabe que na hora eu me controlei?!... Fiquei lúcida de repente, tentei distraí-lo e até parece que bloqueei a notícia. Providenciei um calmante, fiz um chá e fiquei ao lado dele, alisando sua mão, muda também, até que ele dormisse. Só depois é que me sentei para ver se tinha entendido a história. Houve uma estranha calma na casa, naquela noite: ninguém estava agitado, o telefone não tocou como que por milagre e eu não tive impulso de contar nada para ninguém... Tem um crucifixo antigo no meu quarto e fiquei com o olho nele quase sem pensar... Voltei para a cama e tentei dormir um pouco. Sei que mesmo inconscientemente algumas lágrimas correram. No outro dia, depois de muito tempo, faltei a um compromisso de trabalho extra. O fim de semana foi horrível... eu queria saber mais, ele pouco tinha a dizer. Na verdade sentia-me como uma atriz amadora representando uma peça difícil. Tudo era muito artificial. Imagine que fiquei tão tonta que pela manhã, eu que sou sempre tão rápida para resolver o que vestir experimentei umas cinco ou seis roupas.

Mas tinha que tocar a vida. E toquei... arrumei Camila, chamei-a para ir ao supermercado, preparei a mesa do café, providenciei o almoço programado porque minha mãe e irmã viriam e saí depois de avisar ao Rafa que voltaria em uma hora. Foi quando comecei a perceber o volume do estrago. Sem experiência, achava que todos iriam morrer logo, logo. Tenho até vergonha de contar, mas para me distrair pensei na roupa que usaria nos funerais... coisa de louca, devaneio puro!.. Fiz as compras completamente erradas e resolvi voltar para a casa, nervosa e desorientada. Foi então que pensei na loucura que estava à minha frente: meu marido com problemas e eu recebendo familiares para um almoço, as empregadas ouvindo e vendo tudo. Ai, meu Deus, que fazer pensei?... Como não dava para mudar nada do que estava acertado para aquele dia, mantivemos o programa e acho que foi uma piores situações pelas quais já passei na vida. No final da tarde, porque minha mãe tinha levado Camila para passear, pude conversar um pouco com Rafa. A conversa foi ridícula, pois de início não tocamos no assunto até que ele começou a chorar novamente. Disse o que toda esposa tem a dizer: "tudo se arranja", "vai dar tudo certo", "o melhor há de acontecer!". Ridículo, mas era o que eu tinha para dizer.

À noitinha, Marcos ligou. Falamos cifradamente sobre o assunto, mas sem tocar em nomes ou fatos. Estranhíssimo, mas conveniente. No domingo ficamos em casa, sem sair, dando um tempo para nós mesmos. Procurei fazer tudo girar na normalidade... a segunda-feira, porém seria fatal. A rotina de trabalho imporia um ritmo complicado e teríamos que enfrentar o mundo todo.

Recompor o processo da história nos foi muito difícil. Acho que se trocássemos mais impressões seria melhor, mas é tão difícil!... Nunca engoli direito a história da agenda. Afinal, por que o médico não teve essa idéia antes? Sou capaz de jurar que se a Lea tivesse tomado o "coquetel" teria mais e melhor condição de vida. Ah, isso me revolta. Olha, fico até arrepiada quando penso na patifaria toda. Sabe, compreendo meu marido... apesar de neutralizar a raiva dele, acho que bem no fundo ele tem suas razões. O que está acontecendo agora com ele é um julgamento que o leva a considerar todos os erros daquela educação. Então o que acontece agora é um referendo do que sempre existiu. É lógico que eu não ponho lenha na fogueira, mas ele não deixa de ter razão.

O mais complicado para mim é enfrentar a Lea. Acredito que ela esperava uma reação mais natural de minha parte. Mas como poderia aparecer sorrindo, falar das coisas rotineiras se tudo ficou tão triste e a rotina mudou completamente. Eu tenho, sim, medo de contágio... muito medo. Tenho filha pequena, quero ter mais filhos e não sei como me portar. Além disso, tem a aparência da Lea: magra, tossindo sempre, com o cabelo sem trato, sempre cansada: ai, meu Deus!... E do que vou conversar com ela? Sobre o clube, *shopping*, festas... sobre o quê? Sou mesmo fraca... fraca... não sei me portar como devia.

Tenho visto pouco meu sogro. Graças a Deus ele sumiu de nossas vidas e o Rafa procura falar com ele só o necessário e por telefone. Na maioria das vezes, são questões de negócios. O Marcos tornou-se um estranho na família e ele é a pessoa que menos tolera toda essa situação. Minha co-cunhada não dá bola para a questão familiar e, como sempre foi isolada, está em uma situação mais tranqüila que a minha. Na verdade, morro de pena da Eta, da Marieta, a empregada que ficou com a barra toda da casa.

Não sei o que vai acontecer. Não tenho a menor idéia. Posso afirmar que nunca mais seremos felizes juntas. Se já não éramos, agora então nem pensar. Dias de festas ou comemorações são complicados para todos. Sinceramente, tenho pensado muito no sentido da eutanásia. Desculpe-me, mas tenho...

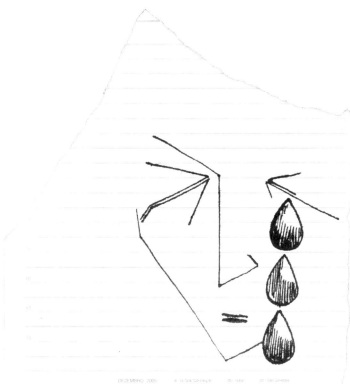

6.

Dona Marieta foi generosa na fala. Comportando-se como uma "velha empregada doméstica", daquelas que, segundo ela, sabem o próprio lugar, ressaltou alguns aspectos pouco percebidos por alguém de fora. Eram evidentes seus cuidados ao relatar os acontecimentos, pois assumia uma nítida cumplicidade com a patroa, companheira de tantos anos. A fala corrida e mansa deixava, contudo, notar alguma mágoa e juízo de valor em relação à história da família. Mas a casa parecia ser o território dela por excelência e foi bom entrevistá-la naquele cenário. Ela demonstrava maior controle e domínio dos espaços. Os mais de 25 anos de convívio com a família lhe garantiam segurança nas palavras.

Esta casa nunca foi alegre, mas também nunca foi a tristeza que é agora

Trabalho com esta família faz muito tempo. Eu era quase menina quando comecei. Na verdade, minha mana mais velha é quem trabalhava aqui primeiro, como governanta, mas quando nasceu o Marcos, o primeiro filho, eu vim como auxiliar da casa... era muita roupa para lavar, passar, ajudar nas pequenas coisas... Sabe como é, né?, rico cria muitos detalhes e eu vim para facilitar tudo. No começo era por um tempinho só, mas fui ficando e logo botaram um uniforme em mim, fui dando uma mãozinha na cozinha, outra nas compras, ia olhando o Marcos e depois o Rafael e, mais tarde, acabei assumindo lugar de minha irmã, que se casou e o marido não queria mais ela fora de casa, como empregada doméstica. Quando comecei, eu tinha uns 16 ou 17 anos, hoje o Marcos tem quase trinta... passei boa parte de minha vida aqui, mas não sou dessas que se consideram "objeto da casa" e nem me vejo "como alguém da família". Nada disso. Sou empregada e sei bem o meu lugar. Não vejo isso como coisa boa ou ruim, vejo profissionalmente... Está longe o tempo em que empregada sonhava em ter um lugar como "gente da casa"... perdi essa esperança faz muito tempo... Meu nome é Marieta.

Todos me tratam muito bem. Soube me impor durante esses anos que estou aqui. Conquistei meu lugar. Acho que sou uma figura importante nesta casa... mesmo que os outros não achem isso, eu tenho certeza. Até acredito que uns e outros dêem valor para mim... afinal, sou a pessoa que mais conhece cada um deles. Sei que quem mais guarda detalhes de todos sou eu... afinal, eles mesmos não têm uma visão geral dos problemas e das coisas da casa. Cada um tem um jeito de usar a casa e acho que alguns nem sabem onde fica a dispensa. Não posso dizer que domino tudinho, mas sei muito mais do que os outros... se somar tudo que um sabe sobre o outro, garanto que ganho... até desenvolvi um pensamento: quem cuida da roupa suja de uma casa sabe os segredos de todos... é isso... é isso: eles desarrumam e eu arrumo...

Vi essas crianças crescendo... Lembro de tudo: escola, judô, música, bailinho, namoradinha, festas... Tenho tudinho na cabeça... tudinho! De vez em quando, quando alguém precisa de uma informação do passado pensa que é quem que eles procuram? A mãe? O pai? Nada, sou eu. Sabe até do que me lembro? Das reformas da casa... dos móveis, das roupas de cama, dos quadros... Tudo mudou muito. É engraçado porque essa casa nunca foi alegre, mas também nunca foi a tristeza que é agora... não, como agora nunca foi! Hoje tudo aqui é uma tristeza só. Vivemos como se a morte fosse chegar a qualquer hora. Ai, que tristeza... E essa doença: credo que coisa feia, que coisa horrível...

Os meninos sempre me respeitaram muito, mais mesmo que os próprios pais. Também eu não dava moleza... ah!... não deixava nada por menos. Teve um ano em que eles até me deram presente no Dia das Mães. Pode? Mas sei que a dona Lea não gostou... mas não está certo mesmo, né?... O dia mais feliz de minha vida nesta casa foi quando eu ganhei um curso de auto-escola. Não adiantou nada, nunca aprendi a dirigir direito, mas me senti recompensada, mais mesmo do que quando consegui a casa própria ou o meu diploma de corte e costura... O dia mais triste foi quando eu descobri a cachorrada do dr. Augusto. Coitada da dona Lea, ela não merecia isso. Não mesmo... Aliás, ninguém merece nada igual a isso. Sorte minha que não me casei e nem quero casar. Cuidar de homem para depois receber uma coisa dessas em troca: Deus que me livre e me guarde...

Não posso reclamar do seu Augusto. Ele me trata muito bem até hoje e foi graças a ele que consegui meu apartamento no Belenzinho. Mas também nunca confiei muito nele. Nem sei bem por que, mas alguma coisa me dizia que ele não era flor que se cheirasse. As duas noras são gente boa, mas não temos intimidade nenhuma. São boas porque elas lá e eu aqui. Nada de muita aproximação. Com os demais empregados sempre fui uma espécie de dona da casa. Eu que mexo com os horários, com os compromissos, compras e outras coisas. As enfermeiras, não. Nos damos bem, mas é outro departamento... só fico enfezada quando elas começam a querer mandar e pensam que são médicas...

Sinceramente, eu vinha acompanhando dona Lea há bastante tempo. Eu notei as mudanças desde o começo, as gripes constantes, as manchas, mas como prever uma coisa dessas? Para mim, no começo, pensei que ela estava é tuberculosa, fraca dos pulmões. Até aconselhei ela, uma vez, a passar mais tempo na casa de Campos... pensei que fosse tuberculose porque ela tinha aquela tosse feia, arrastada, comprida. Na minha santa ignorância, quando ela começou a emagrecer muito achei que era mesmo do pulmão. Nunca poderia imaginar que fosse a tal da aids. Mas as coisas foram ficando pretas mesmo depois que notei que o seu Augusto havia mudado o modo de vida dele aqui em casa. Como eu disse, com a minha teoria da "roupa suja", quando ele começou aquela história de separar a roupa, logo fiquei com os cabelos em pé. Depois veio aquela história dele parar de fumar, de não mais atacar de cervejinha, de mudar a comida... ih! logo pensei: coisa errada no pedaço. E quando ele começou com a história de "orar"?! Eu sou católica e quando vi aquele homem com a história de "orar", senti um certo medo.

Mas o maior sinal das mudanças estava na tal da agenda. Imagine se antes ele deixava alguém pôr a mão na agenda. Imagina... Nem chegar perto podia. Ele sempre foi muito trabalhador – verdade seja dita, o homem sempre trabalhou muito – e era bastante organizado, não fazia bagunça nenhuma. Quando ele trabalhava em casa, era na mesa da sala, mas depois ele mesmo arrumava tudo e guardava a agenda, ele mesmo, na pasta preta. Com a história da agenda a coisa mudou. Ele começou a deixá-la fora da pasta, aqui e ali, como que esquecendo... foi isca, foi isca, tenho certeza disso... Olha que no primeiro dia em que ele deixou a agenda fora, em cima da mesa, eu nem toquei nela, fui logo avisando ele. A coisa se repetiu várias vezes até que a dona Lea pegou. Ela, como se diz na gíria "mirou no que viu e acertou no que não viu". Coitada.

Eu estava muito ligada em tudo. Vi o nervosismo da dona Lea aumentando, a pobre estava preocupada com ele, preocupada mesmo... e quanto mais religioso ele ficava, mais preocupada ela ficava. Ele é crente, o senhor sabe, né? No dia em que ela telefonou para o médico, precisava ver o nervosismo dela. E depois nos outros dias?!... Dava dó de ver. O engraçado é que ela foi vestida de preto... estranho, né? Ela sempre usava preto, mas naquele dia não precisava, né? Daí em diante a coisa degringolou de verdade. Foi um corre-corre, um disse-que-disse danado.

O ponto de vista da empregada é sempre gozado nessa história porque oficialmente nós não somos informadas de nada. Então, temos que ficar encaixando as peças até saber o que se passa sem que ninguém nos informe. É bem complicado, viu. Mas acabamos sabendo e fazemos nossas reuniões, trocando idéias. Eu tratei de pôr todo mundo no lugar porque empregado nessa hora tem é que ajudar ou cair fora. Foi o que fiz, chamei todos: cozinheira, chofer, jardineiro e tratei de dizer que o problema não era nosso e que estávamos ali para ajudar e só. O mais difícil para mim foi tratar com as enfermeiras... Elas, quando chegaram aqui, começavam a dar ordens para a gente e ninguém gostou nada. Tratei também de dizer que éramos empregados da casa e não delas. Mas ultimamente o trabalho aumentou muito. E aumenta a cada dia que passa. Acho que vai ser assim até o fim... mas o pior é que não sabemos o vai acontecer conosco depois de tudo...

Lembro-me perfeitamente do dia que a coisa explodiu. Foi exatamente na véspera do meu aniversário, dia 28 de abril. Eu estava esperando o fim do dia para pedir uma dispensa do serviço no dia seguinte... eu queria ir a Aparecida do Norte, pagar promessa, mas... mas tratei de ficar caladinha e nem teve bolo nem nada. Vim trabalhar na maior surdina. No dia 29, ela saiu e depois foi para a casa da dona Martha. Daí por diante esta casa nunca mais foi a mesma. Nunca mais... faz quase dois anos... Nunca mais.

O dr. Augusto se portou como dava, né? Ele foi mudando, mudando e quanto mais a dona Lea ficava doente, mais em casa ele ficava. E mais quieto também... muitas vezes, quando caía a tarde, eu pensava que não tinha ninguém na sala e quando acedia a luz tomava um susto com a figura dele sentado. Nos últimos tempos dele nesta casa, nem via se ele saía ou chegava do trabalho...

No dia do meu aniversário, quando se deu o escândalo e a dona Martha telefonou, eu tratei de segurar a barra. Como durmo no emprego durante a semana, e era uma quarta-feira, tratei de ficar de guarda, de servir um chá e manter os outros empregados calmos. Todos sabiam que estava acontecendo uma tragédia, mas ninguém sabia o que era. Eu nunca vou me esquecer do olhar do dr. Augusto. Nunca. Ele estava mudo. Frio. Duro. Mas difícil mesmo foi no outro dia, o encontro dele com os filhos. Eu estava em casa. Eu assisti tudo. Se algum dia me considerei pessoa da família, foi naquele começo de noite. Servi chá e vi o encontro daqueles três homens. Ouvi bastante da conversa. O dr. Augusto pediu aos filhos que primeiro escutassem e depois ouviria. Ele falou chorando um pouco, mas era um choro sincero, acredito eu. Ele disse que se sentia mal, um pecador, responsável pela desgraça de dona Lea. Eu até aquele momento não sabia que ela tinha aids, mas sabia que ela estava condenada. Os meninos ficaram mudos. Mudinhos. O dr. Augusto falou, disse que ele estava contaminado, mas não deu detalhes. Reconheceu que passou para a dona Lea e que não conseguiu falar nada antes e que esse era o seu maior arrependimento. O Marcos, coitado, chorou muito, mas não falou nada. O Rafael, mais equilibrado, disse que agora ele teria que tomar alguma atitude, agir, e o melhor seria sair de casa. O Rafael disse também que iria ver os médicos e tomar as providências. Na verdade, acho que ninguém tinha forças para nada... para gritar, para brigar, para ofender...

Os empregados também tiveram a mesma reação. Sem saber detalhes, ninguém perguntou nada e todos respeitaram minhas ordens. No outro dia, a coisa ficou realmente complicada. Foi o dia da mudança do dr. Augusto. Eu tive que ser supermulher porque ele não governava nada. Arrumei as malas dele como se fosse para uma grande viagem. Ternos, sapatos, roupa íntima, coisas de toilete... Foram umas cinco ou seis malas. O Aderbal, o chofer, levou tudo. O dr. Augusto se foi e eu nunca mais o vi. Engraçado, a casa ficou vazia sem ele. Vazia ou diferente, não sei bem.

A volta de dona Lea, no outro dia, foi um tormento. Ela parecia outra pessoa. Em dois dias, envelheceu tanto! Eu achei que ela estava mais magra, abatida, com ar sofrido demais. Deve ter sido um Calvário. Daí para frente, todos sabem o que tem acontecido. Eu faço o que posso, mas posso pouco. O controle das enfermeiras é grande e elas tratam a gente mal... mal não, mas indiferentes. Eu olho para dona Lea e sinto que ela ainda gosta de mim. Sinto mesmo, foram tantos anos de companheirismo. Mas a coitada não pode fazer muito. O melhor momento para ela é quando o pessoal da Messiânica vem rezar. Aí ela se acalma de verdade. Ela sempre pergunta pelo senhor e eu fico feliz quando ela pede para que venha ouvir a história dela... Ela acha que tem o que contar.

7.

Naturalmente, foram muitos os encontros com a enfermeira Greta. Como tinha de ir repetidas vezes tentar gravações com Lea, sempre encontrava a jovem e valente enfermeira. De certa forma, lhe era bastante clara a noção deste projeto de história oral e suas idéias eram filtradas pelo contato constante com Lea. Mas era uma pessoa "de fora" e, além disso, treinada para ver o doente e cuidar da doença. Preocupava-me, contudo, diante dessa profissional, seu lado humano e a percepção social que poderia ter de tudo o que a cercava e justificava sua ação. Foram cinco gravações feitas com Greta e todas na casa, em diferentes cômodos.

Ah, como eu queria saber mais!

Meu nome é Greta Schummann. Caibo dentro do estereótipo da "enfermeira alemã" ainda que talvez minha idade não corresponda ao padrão usual de profissionais mais velhas. Sou jovem, tenho 25 anos, mas garanto que vivi bastante para aprender as responsabilidades de alguém que pensa saber o que quer da vida. Logicamente, vim do sul do país e estou em São Paulo fazendo pós-graduação... então trabalho e estudo. Minha dissertação de mestrado é sobre "gênero e doenças terminais", quero saber os limites do gênero feminino no processo terminal. Sei que o tema é bastante subjetivo, mas acho que a morte não neutraliza os sentimentos e nem reduz todo mundo a um padrão. Pelo contrário, questões de gênero são reafirmadas nos momentos finais da vida: mulher morre como mulher, seja mãe, esposa, filha; homem morre como homem, seja pai, filho ou irmão. Sou a primeira a fazer severa crítica ao título do trabalho, mas temos que entrar nas linhas de pesquisa imposta pela direção da escola. Aliás, fazer pós-graduação exigiu-me várias escolhas: onde, com quem, como, por quê? Em síntese, estou aqui porque resolvi fazer um estudo em profundidade e com amostragem qualitativa e não quantitativa. Assim, meu trabalho com dona Lea também é experimental. Mas não tem como não se envolver na história desta família. Tudo é tão dramático, tão desconcertante que às vezes me esqueço do distanciamento e da neutralidade necessários a uma boa profissional.

Cheguei até eles por indicação do pessoal da clínica para onde esporadicamente dona Lea vai para se tratar. Desde a primeira internação dela, nos demos bem e houve uma coincidência: chegamos juntas, ela como paciente, eu como enfermeira... Fui destacada para acompanhá-la e como ela tem delírios durante as fases de pico da febre, eu fiquei com ela todo o tempo daquela internação. Além dos cuidados clínicos, por minha iniciativa, eu registrava suas palavras: nomes, frases, indicações de lugares e de vez em quando datas ou situações mencionadas. Cheguei à clínica para trabalhar junto à dra. Cláudia, que desenvolve um estudo sobre a reação de pessoas que foram contaminadas por hiv de forma involuntária. Nessa linha, a revolta, o sentimento de ódio e de vingança, é essencial. Faz parte do tratamento despertar na pessoa, não a resignação conformista, mas a consciência de que é vítima de outros males: a traição afetiva ou o acaso (imperícia, negligência ou imprudência). O objetivo, contudo, não é promover o ódio pelo ódio, e sim despertar o desejo de luta. Tenho uma colega que faz um estudo paralelo e que se dedica às vítimas de erros médicos ou hospitalares – principalmente de transfusões de sangue – e eu cuido dos casos de DST, doenças sexualmente transmitidas. A diferença é que em nosso caso o criminoso é reconhecido, tem nome e endereço e quase sempre é alguém da família. Este, aliás, é o caso de dona Lea, mas muitas situações de incesto...

Depois dos contatos com ela na clínica, como eles têm posses e porque desenvolvi uma relação bastante acentuada com todos, eles me contrataram para acompanhá-la também em casa. Foi uma decisão difícil, mas resolvi assumir este caso porque tem muito a ver com o meu mestrado. Tive o cuidado de discutir isso com minha orientadora e ela alertou-me em relação a dois riscos: o envolvimento emocional exagerado e questões éticas. Na primeira situação, procurei assumir uma posição bastante profissional e nesse sentido minha "germanidade" ajudou. Devo dizer que não foi nada fácil assumir ares profissionais em uma casa de família... tive que aprender a lidar com empregadas, em particular com uma que está com a família há muitos anos e tem os defeitos naturais de "empregada velha". Outra dificuldade foi lidar com os problemas éticos... ah! como é difícil... sempre soube que deveria obedecer às regras sagradas da enfermagem: cuidado técnico e profissional privilegiado com o/a paciente na manutenção do melhor ambiente para o tratamento e disciplinar o contexto familiar para observar os preceitos de tranqüilidade e calma. O interessante é que tive muitos problemas com a outra enfermeira, a da noite, pois ela vem de outra linha e tivemos que disputar poder e colocar tudo em termos de orientação clínica.

Em relação à ética, juro, foi o mais profundo exercício de vivência que passei em minha vida. As situações-limite são incontáveis... Só para dar uma idéia, imagine que um dia fui chamada ao telefone e era o dr. Augusto. Gelei. Ele foi muito polido, discreto, mas queria notícias da dona Lea, gostaria de ter detalhes médicos, de comportamento, coisas que me colocaram em situação bastante delicada... Além disto, pediu-me para não dizer nada a ninguém... foi um sufoco. Eu tive clareza de que minha função era de acompanhamento e disse a ele que os detalhes que ele pedia deveriam vir dos médicos e que não poderia falar sobre o estado emocional dela. Sabe o que é "saia justa"? Pois é, foi o que passei. E passo ainda, pois a tal empregada que se pensa dona da casa vive me perguntando coisas estranhas.

Meu relacionamento com dona Lea é muito bom. Tento manter-me estável, pois o direito de variação de humor é dela. E ela varia muito. Não deixei desenvolver uma atitude maternal ou mesmo "de amiga para amiga". Isso ajudou bastante, mas confesso que tenho minhas fraquezas... Quando a dona Martha vem visitá-la – e ela vem bastante –, dona Lea pede para eu sair do quarto... isto dói um pouco. O mesmo acontece quando o senhor vem para as entrevistas. Devo dizer que com o senhor vivo um verdadeiro caso de amor e ódio, pois sei que o seu trabalho poderia ajudar muito o meu. Mas resisto, nada falo, nada pergunto e procuro aplicar ao seu caso os meus preceitos de discrição... mas é difícil... é difícil, veja bem esta situação: o senhor me entrevista quando eu gostaria de estar entrevistando o senhor para saber, pelo menos, sua metodologia...

Quando dona Lea está melhor, o humor dela fica mais leve e tudo melhora... isso sempre ocorre de manhã quando, depois do banho, eu a coloco no sofá, perto da janela que dá para o jardim. Ela gosta de acompanhar o desenvolvimento das plantas e seu Manuel, o jardineiro, sabe disso e parece fazer tudo para que ela goste. Aliás, devo dizer que eu mesma me admiro com delicadeza dele. É uma situação muito estranha: eles não se falam, não trocam idéias, mas ele foi adivinhando quais as flores que ela prefere mais, onde colocá-las, como combiná-las com as folhagens... ela fica quietinha, olhando infinitamente para o jardim e nessas horas bate um silêncio que mistura paz com compreensão. Mas na maioria das vezes ocorre o inverso. Ela urina, evacua, tem coceira nos braços e nas pernas, fica impertinente e se desespera. Chora muito. Como ela chora... e o ódio dela pelo dr. Augusto além dos momentos extras, tem hora certa para aparecer: quando tem que tomar remédio. E lembre-se de que são oito por dia. A cada pílula, a cada gole, a cada troca de fraldão, uma rajada de maldições vem à tona. E eu devo mantê-la a um tempo calma, mas em condições de pôr para fora o que sente. É um equilíbrio difícil.

Nossa rotina é bem agitada, apesar de tudo. Chego às 6h30 e faço a preparação do dia: limpo o que ficou da noite, vou à cozinha adianto o cardápio do dia e trago a primeira refeição. Mesmo antes do banho, ela deve se alimentar. Depois do "café", um breve descanso e temos a hora do banho, e para isso às vezes preciso de ajuda. Marieta, a "velha empregada" é a única pessoa que ela admite no auxílio até o banheiro. Lá, no banheiro, apenas eu posso ficar... ela preza muito a própria intimidade. Sei que é um sacrifício para ela ter que me suportar nessa situação, mas o que fazer?... É tudo muito difícil, porque às vezes acabamos a limpeza e logo ela se suja outra vez. Sabe, tem momentos em que vejo o desespero nos olhos dela e até parece que ela vai desistir de tudo e de todos... Tem outras horas que o olhar é mesmo de ódio e isso até parece ser contra mim. Durante o dia cuido das refeições dela, quando dá passo cuidadosamente, com pente de dentes largos, os cabelos, trato de suas unhas sem mexer na cutícula, massageio-lhe os pés... quando dá – tudo é "quando dá" – leio um pouco: revistas, poemas, contos curtos... às vezes ela gosta do que faço, outras não.

Quando dá, conversamos também. Essa é a hora mais importante para mim. Às vezes, quando ela pede para eu arrumar alguma coisa no armário ou para pegar algum objeto, como foto, caixa de jóia, roupas... Outro dia foi impressionante: ela me pediu um sapato... um sapato preto, muito elegante, mas fora de moda, com um salto quadrado... Eu o achei, ela ficou horas, horas, olhando aquele par de sapatos e apenas disse: eu comprei em Buenos Aires. Chorou. Ah, como eu queria saber mais! Como queria saber quando, por que, onde andou com ele e, sobretudo, quais lembranças ele conteria? A mesma coisa aconteceu com um bracelete. Um dia ela me pediu para pegar numa caixa a tal pulseira... era até uma jóia simples, de ouro, mas simples, com uns berloques meio antigos... Ela olhou fixa na pulseira... pediu ajuda para colocá-la no braço e ficou com ela o dia todo. Não falou nada... tem também um frasco de perfume que ela pede para ver... só para ver, pois não suporta mais cheiro nenhum, mas gosta de olhar esse frasco azul. Outro dia foi esquisito, ela pediu para que eu buscasse uma música... era uma canção meio cafona, *"Sentimental eu sou"*, com um cantor do passado chamado Altemar Dutra. Sinceramente eu fiquei com medo dela chorar, de desmontar, mesmo porque eu sei os efeitos de músicas na vida da gente. Mas foi diferente, ela ficou vaga, sem expressão de dor ou prazer.

Sentimento de verdade, eu vejo quando ela arma o ódio contra o dr. Augusto. Aí sim, ela renasce. E odeia. Quando tem questões do fórum, quando os advogados dão notícias, aí nem parece que ela está doente, que tem limites. Nada. Ela vira fera, quer "ferrar" o ex-marido. Sei que isso é cultivado, mas sei que tem um lado muito positivo. Imagino o exercício que foi para ela vencer a educação cristã que teve, seu lado domesticado, e exibir o ódio. Imagino... e que mulher não deveria ter mesmo ódio de um marido que a contaminou?

Foi de repente que entendi que a história de Lea se tornou parte de minha própria história. Estar de passagem por esta casa é como fazer uma viagem que marcará a vida para sempre. Hoje, sinceramente, até esqueço que estou fazendo uma tese ou mesmo trabalhando como enfermeira... Dentro de limites, sinto-me parte da história da dona Lea...

8.

Nos três encontros para entrevista que mantive com Martha, em sua casa, dominou um clima de constrangimento. Era como se ela estivesse perante o juízo da história. Tentei amenizar a situação e até sugeri que não gravássemos o encontro nem a integrasse no grupo. Estranhamente, da mesma maneira que Lea e Marcos, ela quis e insistiu na participação. As dificuldades dela em abordar o assunto me fizeram lembrar um ator encenando um papel que não gosta. Mas valente, ela foi até o fim, ainda que se fizesse necessário um outro e ainda mais um encontro. A conferência da entrevista foi mais leve, pois enviei antes o texto escrito, e ela, ao ver em papel suas palavras, parecia estar tratando de outra história. Curiosamente, ela não alterou uma palavra sequer.

Fomos criadas como bonecas, *barbies* de luxo

Martha é meu nome. Sou filha de uma família bastante tradicional daqui de São Paulo... Portanto, aprendi a me refinar socialmente através de séculos. "Quatrocentona", como dizem por aí... até aceito ser "quatrocentona" se todos esses anos valerem para dizer o que tenho passado com a história de Lea. É tudo uma loucura, a mais absoluta e absurda das loucuras que alguém pode viver. Eu estou abalada, chocada, destruída... Acho que se o problema fosse comigo eu já teria sucumbido. Lea paga hoje todos os tributos de uma história de injustiças. Por qualquer ângulo que analiso, só encontro desatinos. Na verdade quem vê conforto, luxo até, em nossas vidas não pode imaginar os dramas embutidos na aparência. Somos como manequins de vitrines. Temos que ter sempre uma aparência neutra e nos vestir bem. Mesmo que o mundo esteja caindo, temos que viver como se exibíssemos a última moda e isso é o que interessa. Esse é o papel que nos deram. E o pior é que historicamente nos cobram isso. E como aceitamos tudo sem perceber as conseqüências...

Conheci Lea quando ainda era menina, há uns quarenta anos. Crescemos juntas, filhas que éramos de famílias amigas. Estudamos juntas, fizemos primeira comunhão na mesma data, saíamos de férias para os mesmos lugares: Campos no inverno, Guarujá no verão e até nos casamos na mesma época. Aliás, a maior distância que tive de Lea foi quando nos casamos, porque ela se casou com um protestante, nordestino, alguém fora de nosso meio. É verdade que depois o Augusto se integrou, mas confesso que na época ninguém entendeu a atitude dela. Pelo menos eu não aceitei... aliás nunca aceitei direito o Augusto. Para mim, ele sempre foi enigmático, meio misterioso e mudava bastante de lado. Veja que de início ele nos parecia mesmo um protestante – acho que adventista – bastante consciente. Depois, depois começou a fumar, ficar falante, tornou-se cada vez mais moderno, mais executivo, mais como a gente. Devo dizer que ele melhorou até na aparência, pois sempre se vestiu bem, mas tinha um arzinho meio provinciano.

Lea sempre foi perfeita. Um verdadeiro presente divino: doce, delicada, sensível, comportada, discreta, elegante sem afetação. Lembro-me de que ela queria ser professora de línguas e desde menina sempre nos dava livros de presente. Quando chegava um aniversário, a nossa pergunta não era que presente a Lea nos daria, mas qual livro ela teria escolhido. Sempre foi assim: metódica, disciplinada. Ela nem parecia estar nos lugares. E sempre moramos perto. Desde o tempo do Itaim, depois no Alto da Lapa e casadas no Pacaembu. Até filhos tivemos na mesma época. É, vendo agora nossa educação, nosso destino, percebo que havia uma programação e fomos daquelas moças que não saíram da risca. Jamais perdi o contato com ela... jamais. Mesmo quando meu marido foi transferido para Manaus, como mantivemos a casa em São Paulo, não nos afastamos. Nos últimos anos, eu precisei bastante de Lea. Mortes na família, o acidente de meu filho mais velho que quase morreu e, por fim, a descoberta de que meu marido tinha outra família... isso nos ligou novamente e Lea era aquela companheira que sabia ouvir, colocava panos quentes em tudo e dizia sempre o que queríamos... apenas o que queríamos ouvir. Foi comigo que ela se abriu. Espero ter sido a tal "amiga certa da hora incerta", o tal "ponto de apoio". Pelo menos tentei ser presente e ajudar. Sei que isso é pouco, mas tem que se lembrar que esse não é um problema comum, não estamos acostumadas a saber dessa doença.

E como, apesar de tudo, estamos despreparadas!... Sei que é repugnante falar mal de nossa situação porque sempre tivemos tudo do bom e do melhor, mas nos faltou a lição essencial da vida: o saber nos defender. Fomos criadas como bonecas, *barbies* de luxo, aprendemos a ser as melhores donas-de-casa do planeta e tenho certeza que ninguém no mundo sabe comandar melhor as empregadas do que nós, mulheres paulistanas. Mas quando temos que trabalhar com sentimentos como traição, perdemos para qualquer menininha do subúrbio que tem pais separados. E a fatalidade de ser mulher nessa condição? Vendo o drama de Lea, entendo a extensão do poder masculino em nossa sociedade. Acho que agora posso dar sentido à frase que garante que somos de "uma sociedade machista". E mulher da sociedade é mais vítima ainda. Não digo vítima no sentido da exclusão social, mas sim da não-participação nas decisões fundamentais de nossas vidas. E o pior é que pensamos que temos voz, dizemos tolices descabidas, somos cultas, falamos línguas, mas...

Como eu dizia, Lea e eu nos aproximamos ultimamente. Mediante o ultimato de meu ex-marido, que resolveu deixar-me pela jovem secretária – ah, meu Deus, a mesma história de sempre e de tantas –, eu precisei de conselhos, amparo. Corri para Lea. Advogados, psicólogos, suporte emocional, tudo era compartilhado com ela, que buscava opiniões com o marido e com o pai, pessoas experientes em negócios. Acho que o efeito mais evidente da presença de Lea em minha vida foi em relação ao bom senso. Mesmo em minhas brandas rebeldias, ela ponderava e me levava a pensar melhor. Nem mesmo quando resolvi arranjar um namorado ela se escandalizou... Sugeriu cuidados, mediu prós e contras e me apoiou antes e principalmente depois da decepção... E nunca foi moralista. Esse traço, aliás, até me perturbava porque ela teria tudo para sê-lo. Minha história, o caso da separação, foi envelhecendo e novos acontecimentos fermentavam nossos cotidianos. Lembro-me de que no casamento de minha filha, levantou-se aquele clima de tensão: meu marido com mulher nova, o encontro de amigos e pessoas da família que estariam nos medindo. Lea foi simplesmente maravilhosa. Hoje vivo com minha filha mais criança na mesma casa de sempre e estou – ou pelo menos estava até estourar essa bomba – mais estabilizada... Meu filho mora fora, mas de vez em quando aparece para uma temporada conosco.

Lea vinha apresentando um comportamento diferente. Certo dia chegou em casa e me mostrou uma mancha estranhíssima no colo. Entre rindo e preocupada, disse: "antigamente diziam que quando isso aparecia era "melancolia"... e pontificou "acho que estou ficando melancólica". Agora, relaciono as constantes gripes dela à doença, mas antes não tinha como notar. O nervosismo dela era pouco explicado e sempre a saúde de Augusto acabava por dar sentido às olheiras, agitação incomum... Mas ela era muito discreta. Muito. Nem a história da agenda ela contou. Na verdade eu só soube da gravidade do caso quando ela já estava com o pedido do exame do hiv.

Eu fiquei tão tonta que não consegui entender por que a solicitação. Foi assim, eu estava em casa, ela ligou chorando, verdadeiramente desesperada, pediu-me para ir até sua casa urgentemente e falou de um jeito e com uma gravidade que eu nem me troquei, peguei as chaves do carro e fui voando para lá. Quando cheguei, ela entrou no meu carro e eu vi a dor estampada em um rosto humano. Dor de verdade. Depois fui com ela ao médico, tenho acompanhado todos os passos dessa história.

O mais surpreendente para mim? Bem devo dizer que tudo foi, é e será surpreendente: o caso em si, um homem que recebeu todo apoio da esposa a traía; a traição ser com outro homem – aliás, com vários outros; a reação dela, que passou de uma menina controlada à louca desvairada; o tipo de tratamento que ela faz para despertar a raiva. Mas acho que tem sim uma hierarquia nas coisas: o pior é a questão feminina. Ser traída dói. Garanto com meu próprio exemplo, dói ser traída ou trocada por outro homem, mas o pior é ser mulher na condição que fomos criadas. Eu imagino a cabeça da Lea, que teve que enfrentar toda aquela educação religiosa, de colégio de madres, para agora passar por uma lavagem cerebral que impõe que no lugar do perdão seja cultivado um ódio... e vejo fúria nos olhos dela quando consegue vencer a dor da doença para falar dos advogados, da necessidade de tirar tudo dele. É verdade que me assusto, mas acho positivo ela ter reação e sair da posição de vítima ofendida.

Vou vê-la sempre, quase todos os dias. Tem momentos mais difíceis e tenho que, muitas vezes, me controlar: o cheiro de remédio, às vezes ela solta o intestino, as tosses são horríveis e como custa vê-la só definhando, caindo, morrendo...

Aprendi uma coisa que me ajuda muito. Não vejo mais a história de Lea sem perceber que é a de uma série de mulheres do nosso meio social. Por incrível que pareça, isso ajuda. Acho que vou virar feminista...

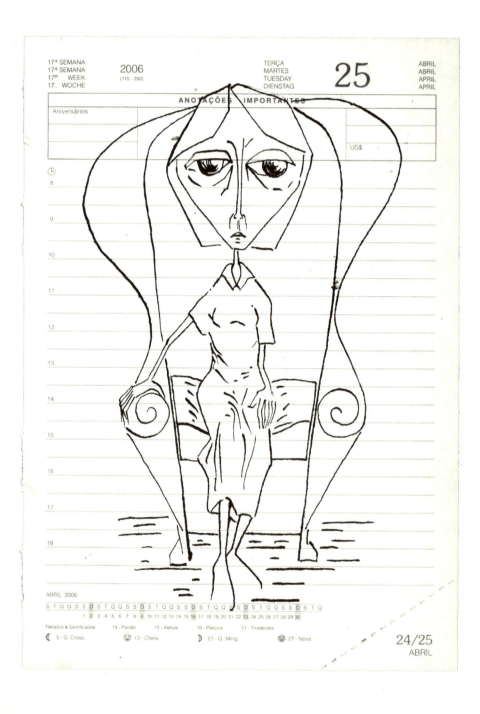

Projeto e pesquisa

A história do projeto

"Eu sou eu e minha circunstância."
Ortega y Gasset

Este livro nasceu diferente de outros tantos que escrevi. O enredo básico – a história de uma família vivendo um crucial drama – sugeriu soluções formais que foram depuradas aos poucos. A semente fez brotar um conjunto de entrevistas de *história de vida*, mas, na medida em que as gravações iam se realizando, repontava um enredo palpitante, articulado, mas que de algum jeito remetia à ficção, assemelhava-se a uma reportagem e até convocava linhas de análises sociais, psicológicas, que, porém, não cabiam em formas preestabelecidas. Confesso que desde a origem, não me preocupei com a finalização, nem quis armar resultados comprometedores de soluções "aprioristicas". Tudo haveria de acontecer no tempo certo. Dois faróis iluminavam o solitário passo de quem caminhava nessa trama com cuidados extremos, pelo delicado da matéria: o ritmo da pesquisa que desbravava estrada própria e o processo de minha aposentadoria como professor universitário da área de ciências humanas. Ambas as situações faziam-me conhecedor da necessidade de concluir este projeto fora das grades acadêmicas. O pretendido teor *não convencional* teria maior espaço longe da mira atenta dos métodos e técnicas previstos por séculos de organizações comportadas em modelos disciplinares.

E foi longo o tempo de maturação. Era de intermitências, vacilos, idas e voltas, dúvidas – muitas dúvidas –, mas os contadores de suas histórias, não eu, forjaram a demora como se fosse necessário cumprir um ciclo fértil. E como o fizeram! A cada encontro um detalhe novo era colocado, outro desmentido, mais outro modificado e mais dialogando com os anteriores. As *autorizações* para publicação das histórias eram sempre postergadas e se constituíram em incertezas intermitentes, gerando mudanças nos textos germinais. De maneira sutil, em cada encontro, as narrativas se "desconstruíam", ganhavam novas feições, mas não sem deixar vestígios das fases anteriores. Os retoques plurais pareciam concorrer para uma história com sabor de novela, com lances emocionantes de remessas quase policialescas. Mas tudo ganhava contornos insondáveis determinando o constante risco do amorfo. E os problemas se somavam: mas de quem seria a história? Com quem e onde estaria a *certeza* ou a *verdade* dos fatos? Será que essas narrativas corresponderiam à memória das pessoas? Memória ou fantasia? Que tipo de narrativa comporia o texto final, seria uma versão oficial de cada um e a soma de todos os casos? E as identidades caberiam nos limites pessoais ou familiares? Qual o peso do fato narrado e de suas variações? Valeria fracionar as citações segundo meus interesses e submetê-los como garantia de hipóteses apressadas, desenhadas lá atrás? Seria a experiência da pesquisa e a redação dispensada da narrativa final, que emergiria como um corpo falsamente espontâneo? Uma proposta persistia: queria contar um caso composto, pleno de ângulos e prenhe de intimidades; pensava em uma história dentro de histórias e tudo "na" história. Mas não na História dos acadêmicos.

Assaltado por perguntas, retraçava uma via paralela, incerta, mas inspirada em arremedos de literatura, de lances da *história do tempo presente*, com nuanças de análises sociais, mas que, em essência, não seria nada daquilo. Com certeza, porém, tangenciava temas como: *gênero, vida privada, questões familiares, relações de classes* e até esbarrava nas tinturas das novelas de dimensão pública. Mesmo sem saber o rumo das histórias que gravava, trilhei o caminho possível de quem apenas se encontraria no ponto final do texto. Havia, sim, *foucaultianamente*, confiança de cumprir preceitos modernos de quem vivencia a dúvida da *originalidade autoral no mundo moderno*. Insistia também na fragilidade da narrativa científica calcada no aparente vigor dos recursos acadêmicos usuais. E outra vez pensando em Foucault, entendia o sentido da "coragem da verdade". E a *coragem da minha verdade* estava em contar o que, o como e o por quê.

De início, não supunha que as oito entrevistas reunidas acabassem por se formular em um livro como este. A idéia inicial era mais ampla, consistia em gravar histórias com vários doentes crônicos e com seus acompanhantes, e mostrar a imperiosidade da transformação familiar frente a casos flagrados em núcleos específicos. Testemunho da falta de apoio institucional para pessoas que necessitam de convívio com iguais, eu mesmo tomei a iniciativa de buscar suportes para a aventura de ser companheiro de alguém acometido de uma fatalidade como um câncer. Encontrei pouca literatura sobre isso e, mais, questionava o significado de séculos de cultura "humanística" e seus efeitos na realidade vivenciada então. Com a ajuda de uma psicóloga amiga, concebemos um livro em que figurariam os doentes e seus próximos imediatos. E, em termos de *vítimas* que dariam publicidade de suas experiências, pensamos em cardiopatas, renais crônicos, alcoólatras, portadores de câncer, hiv e hanseníase. É lógico que pretendíamos fugir do mero registro. Queríamos mais, tanger percepções subjetivas, multifacetadas, submetidas ao resultado de experiências que em si são históricas, como: *processos migratórios, transformação moderna urbana* e *papel das instituições principalmente da família*. Estava fora de nossas miragens meramente ressaltar a dor ou focalizar a vítima com tons mórbidos. Em nosso horizonte pairava a dimensão de dramas que se alongavam em pais, companheiros, filhos, agregados e como isso interferia progressivamente no porvir grupal. Era o rearranjo das relações próximas que nos interessava e como isso comprometia projetos familiares e provocaria mudanças progressivas e determinantes. Uma experiência de vida doméstica combinada com o fluxo da modernidade urbana ambientava as narrativas e implicava a tradição com a modernidade. Buscava-se também promover diálogos com associações de apoio, grupos de ajuda e – aspiração utópica – motivar políticas públicas de suporte moral e psicológico. Assim, nosso alvo era o doente e seu círculo social estendido. Não eram a doença e o tratamento os nossos cernes, e, nessa senda, o desenvolvimento do projeto era um segredo a ser definido pelos resultados imediatos e sucessivos. O plano de trabalho, portanto, tinha de ser flexível e contemplar as demandas dos arranjos pessoais, de narrativas que se faziam no ato da captação das histórias gravadas e de suas legitimações autorais. Dava-se, então, uma primeira quebra de procedimentos meramente acadêmicos: quem ditava a ordem ou a seqüência da pesquisa eram seus participantes e as oportunidades dos encontros. No lugar do comando autoral, começava a pensar que meu papel era de *mediador* de uma história que tinha impulso próprio e que iria ser contada por seus participantes, que eram os *colaboradores* efetivos, documentos vivos em essência, personagens de uma história do tempo presente. E isso era muito mais do que – segundo o simplismo instalado no jargão acadêmico – "dar voz aos vencidos" ou fazer uma "história vista de baixo". Era tocar no subjetivismo e mostrar que sem histórias completas seria improvável dizer algo que ultrapassasse a lógica primária de quem assume a história de vida de outros como se fosse uma tese universitária. Ética passava a ser tema.

Começar por um caso de aids decorreu de uma oportunidade fortuita. Alguém em acompanhamento psicológico se dispôs a contar seu drama. E que história?! Tratava-se de um senhor que havia contaminado a própria esposa com o vírus do hiv. O caso exigiu ponderações de tal forma que fomos naturalmente levados a ficar nessa família e postergar trabalhos afins com as vítimas de demais patologias. Houve um momento em que eu mesmo não sabia se era eu que fazia a pesquisa ou a família que me usava para repensar o universo das relações domésticas e reorientar papéis, identidades e projetos existenciais. Reinava também a necessidade de contar. Desdobravam-se então alguns desafios decorrentes da insipiência da proposta matriz que, mesmo suscetível a mudanças, pretendia ser um trabalho de história oral com procedimentos premeditados, mas que, depois de recalibrados, não faltou, contudo, rigor nesse intento refeito nas delícias da liberdade narrativa.

Também foi o acaso que me isolou da companheira de estréia, que, de repente, se apartou da intenção que nos unia no suposto projeto comum. E feita uma entrevista, senti falta de outra, de mais uma e de tantas complementares. Seria inviável continuar a história do marido perpetrador, personagem que inaugurou a rede, sem saber a versão da outra vítima. E depois dos filhos, noras, empregada, enfermeira, melhor amiga e confidente...

Arrebatado pelo teor da trama, alheio a qualquer pressuposto teórico, aprendi a primeira lição: cada doença tem uma linguagem própria e gera um discurso sociosentimental único que interage na comunidade imediata refletindo as circunstâncias culturais e econômicas do grupo. E é mesmo um evento coletivo ainda que, em termos de doença localizada, seja instalado em uma ou algumas pessoas. Mais: gera um código comunicativo de efeito comunitário que envolve a todos – entendendo-se aqui por *família afetiva* o conjunto de relações que extrapola o limite dos vínculos jurídico-sanguíneos. É o espaço da casa como palco dos acontecimentos que, de repente, deu sentido a uma história em que os protagonistas reordenam seus destinos com base na confluência de situações pessoais resultantes da presença do mal ou de males. Entendia, então, que a *história de vida* marcada por um acontecimento de repercussão grupal preenchia o sentido de *comunidade de destino* porque se constituía na *memória coletiva* na medida em que comungava pontos de encontros de diversas experiências. Seria então impossível renunciar à continuidade de uma narrativa que ocorria nas ondas da modernidade urbana, metropolitana, industrial, capitalista. Quanto mais ouvia os envolvidos, mais aprendia sobre estigma, preconceito, medo, perdão, aceitação, responsabilidade e ódio, tudo angulado pela aids, nucleado pela família, relacionado a uma casa e a uma cidade, E um curioso ponto de inflexão: tudo revelado por uma agenda de endereços.

A primeira entrevista foi feita com Augusto. Depois cheguei a Lea, sua então ex-esposa e mãe dos dois filhos da família. Estes e os demais elementos do clã e afins foram entrevistados na medida do desdobramento linear dos encontros. Era inevitável: um "chamava" o outro e se contemplavam especularmente projetando desenhos distintos em combinações estranhas, confusas, contraditórias, mas de alguma forma sempre complementares. Assim, na apresentação final, foram trocadas as ordens da primeira com a segunda entrevista. E justifico isso pela necessidade de esclarecimento dos dilemas da trama. Em termos de narrativa, achava que a inversão da ordem criaria uma tensão capaz de motivar expectativas nos leitores. E isso interessava na medida em que se geraria um espaço de iteração no qual o leitor não seria passivo. Nem neutro. Nem distante...

Tecnicamente, imaginei que uma *comunidade de destino* pudesse ser definida pela presença de uma doença que de alguma maneira distinguia esse grupo de outros, mas que o unia àquelas famílias que tivessem experiência semelhante. A *colônia* era tecida pelas relações de um núcleo parental e seus agregados e permitidos. *Redes* constituíam-se pelas formas de participação na história central da família segundo os papéis sociais desempenhados: parentes diretos, indiretos, empregados, paramédicos. A eventual continuidade dessas redes teria dado maior dimensão ao projeto, que, contudo, teve de se render ao possível mínimo da narrativa conjunta e testar o princípio matemático da lei dos rendimentos decrescentes, pois na medida em que os temas se tornassem repetitivos, seriam dispensadas outras percepções. Nesse sentido, estava próximo dos procedimentos de uma certa história oral. Não de qualquer história oral, jamais daquela que fratura falas ao sabor da decisão de "autores", diagnostica aprioristicamente, usa passagens recontadas aleatoriamente como se negasse a lógica integrada de cada narrativa. Mas, se assumir essa *outra história oral* era uma saída, o que era perdido no caminho? O estranho é que a naturalidade do processo de entrevistas correspondia ao andamento dos encontros e nisso residia sua maravilha e seu veneno.

O tempo fluía. Além das oito entrevistas autorizadas, duas outras não foram incluídas por falta de licença ou autorização para publicidade. Uma por se ter perdido o contato – tratava-se do chofer da família; outro por dúvidas das possibilidades de identificação do médico que orientou o processo de revelação da doença à família e que por isso preferiu ficar ausente. Tais fatos, aliás, se impuseram como problema: afinal deveria o leitor saber desses óbices? Na contramão de tudo, vinha a obrigação de determinar os "sins", pois não se tratava de ficção, mas também não era um estudo socioantropológico; nem mesmo era uma reportagem, nem História ou Sociologia: carecia de método científico ainda que sobrasse rigor. O subjetivo impunha-se a qualquer objetividade e os sentimentos muitas vezes exacerbados anulavam racionalidades e convocavam razões estranhas. Sem saber a quem disciplinarmente rendia tributo, restava seguir em frente e respeitar os ritmo e a articulação proposta pelos donos e contadores da *nossa trama*.

Feitas as entrevistas, trabalhadas em termos de redação, outro desafio repontou: o que fazer com o material? Basicamente três alternativas surgiram: publicar as histórias simplesmente; submetê-las aos juízos de comentaristas que as veriam segundo óticas próprias ou, finalmente, revelá-la com os ardis de sua construção. Dada a falta de trabalhos de história oral que revelem os segredos de sua feitura, e supondo uma prática que consagra a importância da *história do projeto*, além das marcas da etnografia, minha opção foi pela construção do texto em diálogo com as propostas indicadas no *Manual de história oral* assinado por mim (Edições Loyola, São Paulo, 5. ed., 2005). Com certeza não faria uso aleatório de entrevistas tão doídas. Nem as submeteria a exercícios intelectuais empobrecedores e esfriados pela operação disciplinar.

O correr do tempo impôs mais um imperativo, pois pretendia que além de um texto interessante pela força da história, fosse algo crítico, questionador de outras soluções e que, ao mesmo tempo, respondesse a uma *história pública*. Foi concebida uma solução em que, depois das histórias perfiladas, contidas na Parte "Um caso de (des)amor em tempos modernos", cada caso seria aberto com informações sobre o estabelecimento do texto e com notas extraídas do *caderno de campo*, alocados na Parte "Projeto e pesquisa". Editadas concisamente, as anotações colhidas depois da cada gravação foram acrescidas de uma exposição da circunstância analítica e, finalmente, do enquadramento de feições técnicas.

Entre o encantamento de contar uma história e as sutilezas do contorno das operações metodológicas de como juntá-las situei o dilema do saber formal e do rigor da arte de expô-las. E foi nesse sentido que inventei essa saída, começando como toda história moderna deveria começar, pelo nome de seus personagens e pela razão de seus cruzamentos: o amor e o desamor em tempos modernos...

A construção do texto

"A realidade é coisa delicada, de se pegar com as pontas dos dedos."
Paulo Henriques Britto

*É verdade que estas histórias perfiladas parecem ficção. Mas não o é
em sua plenitude. Personagens e situações possivelmente identificáveis
foram mudadas a fim de proteger os protagonistas desta aventura
que ganha sentido social porque decorre de uma vivência moderna. É
um trabalho de um tipo de história oral que se apresenta trazendo em
seu rastro os compromissos com a ética e a responsabilidade de contar
histórias que de outra forma ficariam submersas no mar das solidões
pessoais e silêncios familiares. Por dialogarem com resultados de uma
história que é nacional porque implica migração, alianças de classes e
significado de uma cidade como São Paulo no contexto nacional. Aliás,
dar dimensão coletiva, social, para o drama de uma família foi um dos
nortes desta proposta, que buscou entender o sentido de "comunidade de
destino". Em termos de história oral, muito dos padrões de entrevistas
foram testados e não seria exagero dizer que pouco do que se recomenda
em termos de preparo dos encontros, alcance do projeto, aferição das
autorizações, foi viabilizado. Ou melhor, tudo aconteceu, mas obedecendo
a possíveis situações que fizeram levar em conta o constrangimento,
os silêncios, os interditos. Sobretudo, as circunstâncias do caso se
impuseram ditando procedimentos inimaginados. Mas os entraves foram
solucionados em favor da narrativa complementar dos procedimentos.*

É difícil surpreender um drama em movimento e, daí em diante, propor reflexões. O processo de mudanças de sentimentos e de percepções lembra um labirinto onde se perde em lágrimas, emoções finas que envolvem pessoas da mesma família e afins. O ganho maior nesta trama é a possibilidade de ver o mesmo problema por ângulos variados e detalhados segundo a imagem e semelhança de cada um de acordo com a feição grupal que garante lugar na trama. Mas o custo dessa pluralidade é enorme. E como isso nos arrasta a julgamentos que implicam polarizações de sentimentos! A multiplicidade de visões extrai o problema da vivência de uma doença crônica provocada do julgamento piegas e da delegação pura e simples de culpas. Se um pressuposto inicial pode servir de guia para a leitura dessas histórias, seria a definição de quem é vítima de que e de quem. Se abstrairmos a figura da pessoa contaminada e no lugar pensarmos a família como personagem, teremos um conjunto de novos elementos penalizados, culpados e responsáveis. Seguem algumas passagens *transcriadas* do caderno de campo que me acompanhou ao longo de todo o processo de elaboração do texto. Sem ele, aliás, seria impossível pensar nessa história que tem o começo em termos enunciados no título: "desamor" e "tempos modernos".

Entrevista de Lea
Notas do caderno de campo

Até o primeiro contato com Lea, tive muitas dúvidas. Vacilei antes de telefonar confirmando o encontro marcado cinco dias antes. Também tive receio de bater na casa portentosa do Pacaembu. Pensei em desistir e trabalhar apenas com a entrevista do Augusto, com quem tinha tido um primeiro contato. Mas também foi natural o meu impulso de continuidade e desdobramento, pois, afinal, valeria a pena pensar no outro lado da história. Toquei a campainha, entrei, e de repente estava em um mundo novo. Minha primeira impressão foi relativa à novidade de entrar em uma casa que, sabia, iria ser fundamental na percepção dos fatos. Estranho quando olhamos para uma casa pensando-a como um lugar sagrado. É quando a palavra "lar" ganha sentido. Mas longe de ver a construção de um projeto familiar, sabia, ia ao encontro da "desconstrução".

Fui recebido por dona Marieta, uma senhora uniformizada e protocolar, espécie de dama de companhia. Dentro da casa, esperei alguns minutos até que me fosse dado acesso ao quarto. Na sala, objetos bem colocados, mesa grande e sofás elegantes eram adornados com luzentes objetos em prata e cristal. Quadros de pintores bons e conhecidos, tapetes persas e uma quietude perturbadora. Tudo muito sóbrio, discreto, paulistano. A manhã era luminosa, diga-se, e a luz diáfana vazava pelas cortinas. Silêncio, silêncio, silêncio. Frio também. Era junho.

Deitada, bastante pálida, tentando me olhar mais firme do que conseguia, Lea fez um breve gesto de aceno e sugeriu que me sentasse. De sua cama de madeira escura, ela me olhava tentando conter uma tosse insistente. Pediu a Greta, a enfermeira, que nos deixasse, mas que ficasse atenta à sineta. Havia algo de teatral em tudo e supunha o meu papel. A sós, apresentei-me como professor da USP e dei algumas explicações sobre história oral. Interrompido por uma pergunta, tive de responder como chegara até ela. Aliás, repetir, pois por telefone havia dito à enfermeira acompanhante sobre a indicação dada pela psicóloga que assiste o marido, que, por fim, foi o autor da sugestão. Ela algo trêmula disse que queria sim contar a própria história, que tinha o que dizer. Eu falei mais, disse que teríamos de ser prudentes, trabalhar aos poucos e que nada seria revelado que não fosse da vontade dela. Surpresa: ela afirmou que tudo o que dissesse era para ser publicado e que por isso ela contaria a versão dos fatos que decretava como "verdade". A visita foi breve por minha iniciativa. Eu precisava ganhar tempo e me arrumar internamente para a aventura. Foi o que fiz depois de marcar para quatro dias um novo encontro.

Precisei fisicamente andar um pouco e as tortuosas ruas do elegante bairro ajudaram a ponderar sobre alguns dilemas que entrelaçavam a história oral e a ética. Afinal, quem era eu, que direito detinha posto que possuía conhecimento mínimo daquela mulher vitimada – já havia entrevistado o ex-marido – e que, com um gravador na mão, pretendia entrar na intimidade de uma história dolorosa. Por que e para quem materializaria aqueles encontros? Que cuidados teria de assumir com a produção de um texto sobre aquilo tudo? Confesso que achei o céu azul grande demais, mas lindo.

Foi muito estranho escrever mais uma, outra, página do novo caderno de campo sem ter feito entrevista. Mas será que a entrevista não tinha começado com o desdobramento dos atos derivados da intenção inicial? Não conseguia parar de pensar nos detalhes daquela visita. A entrevista de Augusto também atiçava minha curiosidade, que se via provocada, fervilhando dúvidas. E me perguntava: será que deveria buscar alguma verdade? Aliás, haveria uma verdade ou versões dos fatos que obedecessem a uma coerência geral? Sobretudo, queria saber da tal agenda que foi indicada como fator decisivo na "descoberta da verdade". Mas como chegaria até ela? Deveria perguntar? Não seria legítimo supor que as entrevistas fossem mais abertas possíveis? Sinceramente, perguntas e respostas se afiguravam como recurso pobre. Valeria supor a vontade narrativa de cada um. Logicamente, não abriria mão dos estímulos, mas ciente de que estímulo não é pergunta.

O rosto dramático de Lea exigia continuidade.

Notas técnicas

Pelo menos de início, a proposta era fazer um trabalho apoiado em história oral. Vali-me, como ponto de partida, dos conceitos mais correntes:

Conceito número 1: *História oral é uma prática de apreensão de narrativas feita através do uso de meios eletrônicos e destinada a recolher testemunhos, promover análises de processos sociais do presente, e facilitar o conhecimento do meio imediato.*

Conceito número 2: *A formulação de documentos por meio de registros eletrônicos é um dos objetivos da história oral, que, contudo, podem também ser analisados a fim de favorecer estudos de identidade e memória cultural.*

Conceito número 3: *História oral é um conjunto de procedimentos que se iniciam com a elaboração de um projeto e que continuam com a definição de um grupo de pessoas (ou colônia) a serem entrevistadas. O projeto prevê: planejamento da condução das gravações; transcrição; conferência da fita com o texto; autorização para o uso; arquivamento e, sempre que possível, a publicação dos resultados, que devem, em primeiro lugar, voltar-se ao grupo que gerou as entrevistas.*

Conceito número 4: *História oral é uma alternativa para estudar a sociedade por meio de uma documentação feita com o uso de depoimentos gravados em aparelhos eletrônicos e transformados em textos escritos.*

Conceito número 5: *História oral é um processo sistêmico de uso de depoimentos gravados, vertidos do oral para o escrito, com o fim de promover o registro e o uso de entrevistas.*

Mas havia algo mais. O processo de transformação da entrevista oral em um texto escrito se me afigurava como um desafio maior. Não se tratava apenas de uma atitude isolada de quem queria contar uma história "verdadeira" nem de um ato acadêmico protocolar que obedecia às regras metodologicamente estabelecidas. Extrair aquela história do possível apagamento implicava transformar uma situação fadada ao vazio e, de certa forma, materializá-la de maneira a provocar estranhamentos. Então, o pressuposto básico que dirigiu todo o processo visaria uma transformação geral: de falas em escrita, de versões individuais em argumentos coletivos e, sobretudo, de caso fadado à rotina do esquecimento de cotidianos fátuos a uma operação bem superior, a um exercício de transformação de todo o processo. E isso passaria pela inevitável construção documental. Mas não seria qualquer documento o que faria. Sentia, desde logo, que não era válido usar as histórias de vidas parceladamente, fracionadas, pois assim comprometeria a subjetividade pretendida e me devolveria o caráter autoral que eu não mais acreditava. Pela ótica proposta, as histórias valeriam integrais, plenas em sua lógica conseguida com trabalho conjunto tanto dos colaboradores quanto meu.

Mesmo sabendo que qualquer definição é fatalmente redutora, tinha de me guiar por uma alternativa que desse segurança mínima para garantir que, mais do apenas fazer entrevista, eu estaria apoiado em uma proposta capaz de garantir ao caso um chão condutor de critérios analíticos. A responsabilidade dos procedimentos me atordoava, pois não se tratava de uma criação livre e despregada de pessoas, fatos, situações. Como trabalhava com entrevista, a história oral seria o caminho evidente. Dos diversos conceitos, o que preza o conjunto de entrevista como um processo (número 3) se me afigurou como o mais completo. Por considerar todas as a fases e sugerir a devolução dos resultados, vi nesse conceito algo mais próximo do desejável. Dos demais, relevei também a validade de perceber a história como "um sistema" (número 5) e de todos apreendi a importância de ser um registro afirmado pelo alcance da eletrônica, que permitia gravar, usar computador, encurtar contatos via telefone. Questões do meio imediato (número 1) também se mostraram relevantes, pois indicam o limite numérico do grupo analisado. Não se pode esquecer que o cuidado na passagem do oral para o escrito também estaria na pauta das ponderações. Finalmente, os temas irmãos: "memória e identidade" despontaram também como fundamentais, pois de nada adiantaria um conjunto de entrevistas gravadas sobre um tema se não remetesse à questão da memória e identidade (número 2).

O encontro com Lea, contudo, acarretou outros problemas e, dentre eles, um foi crucial: não seria possível fazer uma única entrevista. Nem algumas poucas. As condições de saúde ditavam limites e teríamos de inventar uma situação adequada, aceitável, capaz de dar vazão aos fatos que ainda estavam ocorrendo (como o processo judicial que Lea movia contra o ex-marido). A variação de tratamento dada a cada entrevista convocava mais decisões: deveria tratar os demais personagens da trama da mesma forma? Como vantagem nesse impasse, parecia-me que uma história construída ao longo de vários dias, meses e até anos, geraria uma alternativa interessante para pensar os resultados de entrevistas: "*história oral de vida continuada*". Sim, *continuada* porque não estávamos mais supondo esgotar em um ou em poucos momentos a apreensão da história. E nem cabia supor espontaneidades. Tratava-se mesmo de construção consciente, de encontros múltiplos e diversos dos demais.

O conjunto de ponderações derivado da reflexão sobre o conceito de história oral abria estrada para que se pensasse na relação estabelecida entre os participantes. Mais do que nunca, ficava claro que o conceito de *"colaboração"* era vital. Não se tratava de considerar quem contava a história com os usuais termos técnicos: "depoente", "informante", "ator social", "sujeito/objeto de pesquisa". Não. Ficava claro o sentido de *"colaboração"*. Isso mudava também o peso da autoria, que, por se tratar de colaboração, permitiria que o outro, pelo menos na fase de coleta da história, funcionasse como mediador entre a narrativa e sua materialização. As implicações de uma colaboração, por sua vez, ditavam formas de condução de entrevistas. O diálogo seria uma decorrência natural da interação. A cordialidade e o compromisso com a construção da conversa/entrevista deveriam ser abertos para gerar a franqueza capaz de dar forma, ritmo e rumo a um tema. Assim, consagrava-se a lógica que diz que a história de vida é mais espontânea e não comporta questionários fechados nem os esquemas herméticos de perguntas e respostas.

Diante de uma entrevista difícil de ser feita como a da Lea, perguntava-me sobre o registro: seria o documento a fita gravada ou o texto trabalhado? E a pergunta não era tola, pois o resultado poderia ser relativo, levando em conta se apenas considerasse a precariedade de alguns encontros e o conteúdo restrito das gravações. Ademais, o alargamento da conversa motivado pelo trabalho de cada encontro geraria confusões e nenhuma possibilidade de entendimento. A questão que despontava, então, era se com entrevistas menos complexas, diretas, valeria também supor que o documento é o texto produzido. E a resposta seria que sim, desde que o resultado fosse o autorizado pelo colaborador. A autorização daria unidade e legitimaria o conteúdo do texto final. O conceito de colaborador, portanto, determinaria o processo de ajuda mútua até o final. Ademais, resta dizer que a consideração da fita como documento implica uma "visão positivista" da gravação que por ser a exata reprodução do registro conteria nela a "verdade".

Entrevista de Augusto
Notas do caderno de campo

Foi difícil começar. A ajuda da colega psicóloga foi crucial na arrancada do projeto. Aliás, acho que foi ela quem me levou para a conversa de estréia que imediatamente virou entrevista. Homem de negócio, Augusto não se furtou em agilizar tudo e propor eficiência ao encontro inaugural, que se deu em seu elegante flat *nos Jardins. Era sábado, véspera de feriado, uma bela e friorenta manhã de maio. Depois desse encontro que durou mais de duas horas, achei que, se preconceito havia no ar, era de minha parte. Assim mesmo teria de definir os porquês, pois seria esse preconceito por adentrar em uma intimidade de outro homem? Como entrevistar alguém apontado como culpado e causador de infelicidades gerais? Ou seria por não saber como tratar uma entrevista em que questões da sexualidade não poderiam ser decorrentes, e sim o ponto principal e de partida? Seria pelo fato de eu saber dele e ele nada de mim? Ou, afinal, ele preferiria falar com outra pessoa que não alguém que se apresentou como professor, autor de livros? Tenho meditado sobre as relações entre quem é quem na situação de entrevista. Estava em tela de juízo, claro, as relações de colaboração e os deveres éticos. Por evidente cabiam as perguntas freqüentes e repetidas ao longo do projeto: história de quem estava fazendo? Dele, da família, ou minha própria na medida em que a proposta era ver a sonoridade de casos de doenças crônicas em um momento em que minha família atravessava dias difíceis com um câncer fatal?*

Como a conversa começou informal e dado que eu não estava exatamente preparado para uma entrevista, tive de pedir licença e pegar o gravador, que invariavelmente me acompanha. O incômodo da situação revelava o quanto é importante ter tudo pronto e, de regra, eu até gravo antes as informações necessárias: dia e hora, local, nome do entrevistado e do projeto. Nesse caso, porém sequer o projeto estava esboçado.

Não deixava de ser estranho gravar no próprio apartamento, cenário que afinal revelava muito da vida do colaborador. Um bom e amplo conjugado com pretensões de loft, *decorado de modo diferente de um lar convencional, era um convite a pensar no estranho que é morar em um lugar impessoal e "estandartizado". A organização era assim: além da cama de casal, um canto fazia vezes de escritório doméstico; uma cozinha americana se compunha com uma espécie de sala, onde estávamos, ante uma magnífica aparelhagem de som e uma infinidade de CDs. Augusto parecia resoluto e se mostrou à vontade oferecendo bebidas e algo para "tapear a fome". Foi nesse instante que percebi que o encontro seria longo. Algo diferente, a chamar a atenção, eram duas fotos: uma dele, recente, no topo de um prédio com a cidade de São Paulo ao fundo e outra da família toda, inclusive com a Lea. Estranhei a segunda, pois a primeira era atestado de alguém que assumia a própria soberania.*

A conversa começou com evocações familiares. A mãe dominou boa parte das referências. A vontade tácita de ele conhecer o estado de Pernambuco, "de onde minha mãe era", deu-me a certeza de que, sem compreender o papel daquela mulher, não avançaria muito. Depois, seguiu-se a breve descrição da figura paterna, que era sempre mostrado como trabalhador, sério, mas mero aposto à mãe. A construção da imagem pessoal foi também heróica: bom aluno, bom empregado, bom profissional, enfim, alguém que interferiu de certa forma no desenho da cidade. Os dilemas conjugais despontaram, mas não sem antes exibir alguns paradoxos que, de alguma maneira, não combinavam muito com o modelo indicado no discurso: medo, timidez no passado, alguma emoção. E ele ficava algo sério, falava mais pausadamente e na medida em que iam aparecendo os personagens, dava uma pequena biografia de cada um, deixando correr suas impressões pessoais. Mas o centro era ele mesmo, que sentado displicentemente na poltrona de couro de cabra, sabia comandar a cena como quem orientava um escritório de compra e venda de apartamentos.

Na primeira conversa, ele foi mais geral, tocou no caso do hiv, falou da contaminação da ex-esposa, sem entrar em detalhes. Sempre mencionava algo como "teremos oportunidade de falar sobre o assunto" ou "como você vai saber". Interferi pouco, ele sabia manejar a conversa e pretendia dar o andamento de tudo. Restava aceitar, até porque era fundamental que ele se me apresentasse. Aliás, foi ele que marcou o segundo encontro para o próximo mês, "a confirmar", é claro. Confirmou. Em outro sábado, depois de entrevistar Lea, fui mais cedo e conversamos até a hora do almoço. Durante a refeição que seguiu, inevitavelmente ele me perguntou: e sua história? Falei um pouco de minhas origens, do caso da doença de minha mulher, filhos, profissão. No final, ele me olhou gravemente e disse entre uma brincadeira e uma intimação: eu só pago o almoço se você entrevistar todas as pessoas envolvidas no caso. Eu já havia pensado nisso depois da entrevista com Lea, mas ainda faltavam condições e planejamento para dimensionar a proposta.

Saí da segunda visita e fui para casa, onde fiquei solitário por algum tempo. Pensei um pouco e depois redigi, de vez única, o projeto que delineava o encaminhamento da formação de redes. Planejei três: parentes, "serviçais", equipe médica e de apoio. Levei em conta o pressuposto dos "rendimentos decrescentes" e considerei que bastaria ter as versões de alguns envolvidos. Senti o significado de não conduzir, perguntar pouco, deixar o personagem se construir. Pensei nos cuidados éticos a tomar e isso ocupou vários aspectos do projeto: como entrar em contato com as pessoas, como apresentar a proposta, como não deixar que uma percepção passasse para outros. Mas estava curioso por ver como um perpetrador, em particular alguém que ocupava o papel de pai e provedor de um lar abastado, seria visto pelos ramos.

No terceiro encontro, que ocorreu num sábado também, a conversa girou quase que exclusivamente sobre a situação da agenda, que afinal havia sido o fator decisivo para as "descobertas". Falou-se ainda do estado de saúde de Lea e do "bom" momento em que ele vivia, pois, afinal, tudo havia se esclarecido e ele estava consciente de suas responsabilidades, as quais, contudo, "não permitem voltar no tempo para fazer de outra forma". Sem dúvidas, entendi o que significava o verbo aceitar.

Na semana seguinte, entrevistei Lea pela primeira vez. Outras entrevistas com os demais envolvidos na trama aconteceram com intervalos de tempo. De quando em vez tinha notícias de Augusto, até porque ele mesmo me procurava. Com o projeto pronto, depois de anos de relacionamento, refeitas várias vezes sua entrevista, ao pedir a autorização final, recebi dele uma carta com a qual encerro este livro. Augusto me desconcertou.

Notas técnicas

A (in)existência de um projeto inicial perturbava. Precisava delinear rumos para desenvolver o que tinha pela frente e seria tolice não organizar, prever, planejar etapas. Perguntava-me sobre o que haveria de fazer primeiro: a elaboração do projeto ou alguma entrevista? Minhas reações eram pendulares: ora achava que deveria propor antes um anteprojeto, ora achava que sem uma entrevista seria artificial pensar em qualquer alternativa. Foi quando me vali do significado do "ponto zero". Mais do que nunca, os pressupostos já fixados vieram-me à tona:

> Muitas vezes é difícil estabelecer prioridades. Nessa situação, sugere-se que se defina uma entrevista que deve ser conhecida por "ponto zero". Entende-se por "ponto zero" a entrevista de um depoente que conheça a história do grupo ou de quem se quer fazer a entrevista central.

Outras lições também se fizeram úteis e estas indicavam que ouvisse as orientações, pois:

> Há casos em que o "ponto zero" se transforma na primeira entrevista, mas, normalmente, isso ocorre não porque esse encontro é mais informativo e não se comporta dentro dos padrões regulares do andamento de uma gravação, mas sim porque, muitas vezes, ele se converte em guia capaz de orientar o andamento das entrevistas.

Augusto tornara-se o "ponto zero". Ele me instruiu, deu conta de personagens diretamente envolvidos na história e até sugeriu outros nomes e a ordem de entrevistas complementares. Entendi o sentido de eu ser circunstancialmente um mero "mediador". A posição de Augusto me era estranha, contudo. De um lado se me afigurava como o agente "causador", responsável por uma desgraça de alcance dilatado, mas na contramão disso, sua disposição em revelar, dar apoio e sugerir desarmavam visões bandidas. Aprendia com ele as sutilezas da colaboração e a dança sutil dos papéis em uma aventura como essa. E isso foi muito sério, pois via que história oral que professo é um trabalho que se faz "junto" e que, no limite, quebra os cânones da relação hierárquica entre pesquisadores e entrevistados. Aprendi também o sentido democrático da história oral. Mas tinha de saber agora, mais do que nunca, como me comportar nessa história: Como cúmplice? Ouvinte neutro? Juiz? Com insistência repontavam as lições que diziam:

> A consciência de oralista como personagem impõe o conceito de "colaborador" como substituto de "informante", "ator social", "objeto" ou "sujeito" de

pesquisa. Há nessa mudança de consideração mais do que um detalhamento técnico conceitual, uma tomada de posição filosófica que mexe com a noção de neutralidade e de distanciamento. E o que se coloca em juízo é o não-sentido de manifestações que se valem da oralidade apenas como subterfúgio de registro.

Sobretudo, tive de aprender que deveria ter uma atitude profissional. Entenden-do-se por tanto alguém que deve ouvir, prudentemente discernir os argumentos sem, contudo, externar seus pontos de vista além do argumento apresentado. Mas como saber qual é a linha divisória? Independentemente da neutralidade que, com seguran-ça, inexiste. Vale supor que temos de "compreender para explicar". O limite é este: a compreensão do problema narrado em cada entrevista e, depois, a construção de liames explicativos do todo. Tudo sem dar razão a um ou outrem, mas também sem se investir do cinismo que dita simpatias fáceis. As discussões sobre o comportamento ante os colaboradores reavivavam um debate fundamental na elaboração das entrevis-tas: ser ou não contundente? As pessoas que praticam história oral no Brasil, de regra, são tolerantes, flexíveis e evitam o confronto. Alguns europeus e norte-americanos, de forma mais agressiva, defendem que a entrevista se dá em face dos choques, das per-guntas "duras" e capazes de despertar indignação. Por questão de lógica de conduta, meu caso implicou ser mais ouvinte do que argüidor contumaz.

Mas, além da questão da neutralidade e do distanciamento, ainda faltava com-por o restante do grupo e isso era parte do mesmo processo. Por lógico, sabia que o plano de trabalho era mais um guia, uma sugestão, do que propriamente uma camisa-de-força. E repontava a proposta de mediação: precisava aprender a ouvir para elaborar a seqüência dos encontros. Mas deveria pensar mais decididamente no endereço do trabalho. Para quem seria escrito o texto foi também uma preocupação iluminadora, pois a um só tempo pretendia um amplo universo de leitores e gostaria de mostrar aos oralistas como foi constituída narrativa final. Foi nessa senda que ve-rifiquei que o trabalho não seria rigorosamente de História, Sociologia, Psicologia, Jornalismo, Antropologia. Poderia ser julgado ficção? Dúvidas. Uma certeza tinha, porém: estava menos preocupado com o caráter "científico" do texto e mais com as recepções. E por isso valia a pena todas as ponderações sobre quem é quem.

Rigor e critério passaram a ser palavras-chave para mim. Não seria bom esperar que os colaboradores aparecessem, mas teria de ter método para buscá-los. A solução foi trabalhar com os conceitos já estabelecidos de "comunidade de destino", "colônia" e "rede". Prossegui minimizando a força de uma "hipótese de trabalho", que, diferentemente daquelas rígidas, foi "feita para mudar" e assim apontava para um problema geral capaz de iluminar os papéis individuais no coletivo. Se o fundamento essencial da história oral é estabelecer a relação entre identidade e memória – ou vice-versa –, restava ver como se entranhavam os argumentos capazes de explicar essa relação. Em termos específicos da entrevista de Augusto, questionava sobre os pólos de identidade dele: pai, empresário, filho de migrantes, homossexual, doente de aids, agnóstico. E seria importante compreender bem tais fatos porque na trama ele seria evocado como transgressor. Vinha-me então à cabeça as lições derivadas de Homi Bhabha ao distinguir "múltipla identidade" de "multiplicidade de identidades". Lembrei-me então do esclarecimento seguinte apresentado no *Manual de história oral*:

> Entende-se por "múltipla identidade" a escolha circunstancial, entre muitas alternativas, através de procedimentos práticos ou de vinculações de interesses externos e imediatos. Como se a pessoa pudesse saltar de uma identidade para outra, ou escolher de acordo com as conveniências, a solução de "múltipla identidade", apesar de conveniente, é falha, pois não estabelece os critérios básicos de identificação. Ademais, a "múltipla identidade" é um processo que admite a escolha ou mudança de uma identidade para outra sem comprometimento de fatores essenciais da vida. A "multiplicidade de identidades" implica negociações permanentes, em requalificações dos pressupostos originais e na reafirmação diuturna dos pólos identitários. Exigindo escolhas, sendo que essas opções são sempre criteriosas, ao contrário do que aconteceria com a "múltipla identidade", exigiria trocas e consciência constantes.

Augusto mostrou-se ser um caso de "multiplicidade de identidade". Faz parte de um mundo complexo, moderno, suas várias expressões sociais impuseram a ele negação: deixou de ser religioso, abandonou uma postura de fidelidade conjugal, viveu "vida dupla" e teve sempre de fazer escolhas. Ainda que suas decisões não tivessem sido reveladas, na medida em que novas circunstâncias apareciam, ele se "desidentificava" de situações anteriores. O processo de negociação que se operava indicava que os valores essenciais de sua vida afloravam.

Outros problemas, contudo, surgiam: mas não se tratava apenas de identidade pessoal. O trabalho alargava-se buscando um grupo parental, uma família. E como ficaria então a questão da identidade daquela pequena comunidade? A simples formulação dessa problemática abria o cerne da investigação, que passava a conjugar a questão do indivíduo no círculo imediato. E como foi importante ver que, mais do que proceder a um estudo sobre Augusto ou Lea, eu estava fazendo um trabalho sobre uma família. E tudo se esclarecia mais e mais na medida em que o centro dos argumentos organizava as opiniões e orientava os comentários. As histórias pessoais passavam a ser filtradas por uma experiência comum. Entendia assim o sentido íntimo e conseqüente de "comunidade de destino". Junto aprendia o que era "colônia" e "rede".

Entrevista de Marcos
Notas do caderno de campo

Tive dificuldades pessoais para me relacionar com Marcos. Tenho pensado muito nos porquês disso e confesso que não encontro respostas fáceis. Sua presença nervosa, defensiva, pouco afável e ao mesmo tempo dúbia levou-me a propor a não-realização da primeira entrevista, e mesmo depois cheguei a falar sobre a desistência. Ele não quis, alegando achar que sua opinião deveria pesar e que ele era parte da trama. Como vítima, é claro.

Desde o início sabia das dificuldades para expandir o projeto. Tive mesmo ímpeto de restringir o alcance da proposta ao casal Augusto e Lea. E já seria bastante. Mas o próprio pai recomendou com ênfase que visitasse, pelo menos, os dois filhos. Aliás, a julgar pelas indicações, parecia-me que Marcos seria mais permeável, solícito e até favorável ao pai. Enganei-me. O equívoco deveu-se a alguns pressupostos que vejo traiçoeiros quando se fala de entrevistas. Talvez por ser médico, mais velho ou até por ter sido o primeiro a ser indicado pelo pai, esperava alguém mais favorável ao entendimento global da situação e menos partidário. Encontrar uma pessoa tão pouco sensível aos dois lados da questão me assustou. Não pouco, diga-se. Houve mesmo um momento em que pensei até em posicionar-me no campo contrário ao dele e enfrentá-lo. Por certo, meu coração de pai ou a inefável mania de buscar o equilíbrio e o bom senso falava mais alto. Assumi, contudo a tal postura profissional e mantive-me como ouvinte; assim, tecnicamente, segurei a situação. De outra forma, o projeto poderia ter desandado.

Porque os encontros se deram sempre em sua casa, senti a importância do local como cenário da entrevista. Ele dominava tudo e o simples cerimonial da recepção demonstrava a sanha do controle. Seja pela demora em me receber, pelo comando do lugar onde eu me sentaria ou até pela determinação da hora do cafezinho; do tempo para a entrevista Marcos era o senhor. Nervoso, mãos esfregando uma na outra, olhar vago e depositado em um relógio situado à minha esquerda, ele fazia questão de demonstrar

A CONSTRUÇÃO DO TEXTO   145

mais que a inconformidade e desconforto, a ira em relação ao pai. O verbo perdoar foi conjugado sim, mas no modo negativo, várias vezes. E duramente. Ainda me dói o "eu não o desculpo", "não tem explicação", "não cabe perdão".

Exercitei outra vez a distinção entre escutar e ouvir. O ouvir foi-me fundamental, mas demorou. Precisei desgastar o escutar, dar medida e peso às palavras. Devo antes dizer que o ouvir teve de esperar até que se superasse o mero escutar. Quando ainda gravávamos – e isso ocorreu nos dois encontros –, eu escutei e mais sorvi o sentido geral da situação que a mensagem dissolvida em frases premeditadas. Foi preciso repetir várias vezes a fita até que conseguisse ouvir mais as palavras e rebaixar a opinião sobre posicionamentos. E como ouvir repetidas vezes ajuda!

Mas foi Marcos que verbalizou o drama como "familiar". Foi ele também que diminuiu minhas expectativas sobre o fato de esperar que por ser médico ditasse melhor julgamento sobre o contexto. O papel de filho prevaleceu. E toda a história de diferenças nas preferências familiares de repente ficaram expostas. E quanta mágoa! Isso convocou meditações sobre os limites pessoais em situações em que o indivíduo se coloca diante do coletivo.

Em termos pessoais, a experiência das gravações com Marcos fizeram com que considerasse os efeitos pessoais desse tipo de trabalho na vida de quem se propõe a ser autor. Talvez uma das observações mais contundentes possíveis nessa relação seja a artificialidade e até injustiça no trato dos efeitos dos encontros. Dando verticalidade a essa idéia, fico surpreso com a disparidade das exposições. De um lado, o autor se esconde de um jeito que o entrevistado se converte em objeto de pesquisa ou, como diriam os sociólogos e antropólogos d'antanho, "atores sociais", "informantes" ou "objeto de estudos". E sobre o "autor" nada se diz além dos dados frios que, no máximo, contribuem para a identificação catalográfica: nome, idade (às vezes), procedência intelectual e outras obras. Essa impessoalidade responde a uma visão de conhecimento e forma de saber que muitas vezes complica o sentido íntimo e afetivo resultado de um trabalho em história oral.

Isso me ficou claro no caso da entrevista com Marcos, pois meu lado pessoal ficou profundamente abalado com as durezas com que ele via o próprio pai. E mesmo o uso da profissão de forma evasiva surpreendeu-me. De meu lado, fiquei imaginando como reagiria se meus filhos estivessem no lugar dele e mesmo como eu trataria o assunto. E outra vez me veio a dúvida: história oral de quem? Dele, da família ou minha também?

Notas técnicas

É verdade que desde o começo sabia da necessidade de fazer um trabalho em que o anonimato se dimensionasse. E não poderia ser de outra maneira, pois tinha de zelar pela integridade de uma história que pedia sigilo. Mas o zelo seria para a proteção das pessoas e não da trama. Aliás, o enredo abordado merecia profundidade pública exatamente por tratar de problemas sérios, cheios de nuanças, plenos de tabus sociais e preconceitos que, de certa forma, são da nossa cultura. Aliás, era exatamente aí que se dava o segredo de um trabalho que era mais do que registro de histórias íntimas, mas uma proposta que se vocacionasse à reflexão social. Mas tudo supondo critérios nas definições que não deveriam ser confundidas com disfarces ou ficção no sentido inventivo das histórias narradas. Nessa linha, estava claro o ensinamento que preza:

> Em determinados projetos, trabalha-se com o pressuposto da história oral de pessoas anônimas. Isso ocorre quando, para evitar a identificação pública de depoentes importantes ou para se evitar constrangimentos envolvendo terceiros, muda-se o nome da pessoa e alteram-se as situações da história ou da versão de algum fato capaz de possibilitar a precisão dos casos. O mesmo acontece em relação à proteção de indivíduos que precisam do anonimato para não expor a si ou a sua família.

Mas perguntava-me: quais os critérios para tanto? Haveria limite? Não residiria exatamente aí o dilema da descaracterização deste trabalho como da história? E não seria a porta de ingresso da ficção? Onde ficaria a história oral nesse jogo? Por evidente, no conjunto dessas questões corria também o método de tratamento. Deveria ser mudado o quê? Nomes, datas, locais, situações funcionais? Quantas decisões. E tantas foram que optei por estabelecer uma ordem: mudar os elementos determinantes da identificação: nomes de família, locais e estabelecimentos citados, enfim, tudo o que facilitasse certezas comprometedoras dos personagens. Avesso disso, deveriam prevalecer as circunstâncias determinantes da história – como o efeito da celebração do IV centenário da cidade de São Paulo e a ação transformadora tanto para a vinda da leva de nordestinos que trouxe o pai de Augusto como para a ação urbanizadora que marcou o enriquecimento da companhia imobiliária que endinheirou a família de Lea. No caso específico de Marcos, sua posição ante o fato de ser filho e médico ao mesmo tempo exigiu que fosse mantida a posição, mas, contudo, teve alterada a circunstância da especialidade. Afinal, para o conjunto da história pouco ou nada alteraria se em vez de ser oftalmologista ele fosse ortopedista.

Mas não foi apenas a questão das alterações de proteção que motivaram preocupações. Pontos relativos às soluções formais também. Afinal, ocorreu uma diferença nítida do tratamento dado às duas entrevistas anteriores – de Lea e Augusto – da aprovada por Marcos. E então se apresentou um elemento fundamental para explicação conceitual disto: história oral de vida e narrativas biográficas. No primeiro caso, sempre fui afetado pelo modelo desenvolvido por Daphne Patai com suas histórias de vida. No caso de Marcos, era nítida a influência de Daniel Berteaux com suas narrativas de vida. Foi assim que me fizeram importantes os ensinamentos que prezam que:

> A história oral de vida presta atenção ao valor moral da experiência pessoal. No segundo, na narrativa biográfica, cuida-se mais do roteiro cronológico e factual das pessoas. Isso aliado a particularidades que remetem a acontecimentos materiais e concretos julgados importantes.

Comparada com a proposta de Patai, visivelmente a experiência com Marcos ditava um novo riscado para a rota de entrevistas. E a partir dele, resolvi que as demais entrevistas seriam feias segundo a proposta de narrativas biográficas, pois o cerne da questão era a problemática centralizada no casal e não nas pessoas, que, mesmo atingidas, não seriam o núcleo do caso.

Tornou-se importante ter clareza de que as entrevistas que seguiram às do casal eram mesmo enquadradas no critério de narrativas biográficas. Sempre há, diga-se, uma confusão entre narrativas biográficas e história oral temática. É por isso que se retoma a proposta que diz:

> [...] por partir de um assunto específico e previamente estabelecido, a história oral temática se compromete com o esclarecimento ou opinião do entrevistador sobre algum evento definido. A objetividade, portanto, é direta. A hipótese de

trabalho neste ramo da história oral é testada com insistência e o recorte do tema deve ficar de tal maneira explícito que conste das perguntas a serem feitas ao colaborador.

No caso, não pretendia um esclarecimento e nem se buscava uma "verdade" no sentido objetivo do termo. Os índices de subjetividade, as percepções, eram o que interessava, e detalhes da vida das pessoas apenas integrariam se fossem parte inerente ao núcleo narrativo, que no caso era o efeito psicológico da doença.

Entrevista de Rafael
Notas do caderno de campo

Fui para a entrevista com Rafael esperando algo próximo do que encontrara com Marcos. Errei mais uma vez e uma vez mais aprendia que o espaço das surpresas em história oral é enorme. Afável, desarmado, transparente em sua simplicidade, Rafael mostrou porque é o queridinho de todos. Dois predicados marcaram a figura do moço: a sensibilidade e o bom humor mesmo em situações difíceis. Trançadas, essas características projetavam um rapaz de sentimentos profundos e que foi hábil para se reorganizar e assim retraçar os caminhos da família. Virou líder, elo e alguém de trânsito entre todos.

A aparência jovial, contudo, dificultava em uma coisa: como conciliar a profundidade dos sentimentos e a seriedade dos compromissos adquiridos com o ar tão despretensioso? Talvez o bom controle da língua e a capacidade de combinar a dor com a esperança de dias melhores para todos. Demorei, contudo, a notar que o novo equilíbrio familiar deveria vir pelo caminho mais descomplicado do grupo.

Evitei comparar um irmão com o outro. Mesmo assim, entendia o segundo pelo primeiro, pois as diferenças mostravam resultados bem diversos de educação. E isso me levava a imaginar o projeto familiar. Percebia como Lea e Augusto projetaram-se nos dois filhos e, sobretudo, como em Rafael alguns traumas silenciados na relação não estiveram presentes. A alegria era a prova dos nove. A infância contada com detalhes mais expressivos mostrava os efeitos em uma vida que havia sido mais fácil e reconhecida por todos.

Impressionou-me muito a relevância que Rafael deu à hora da notícia e às conseqüências imediatas dela. Sem dúvida, sua vida dividiu-se em dois momentos e ele de maneira quase mística aprendera o que significava o sofrimento. As conversas conduzidas em tons baixos pareciam uma história contada a distância e o sentido pedagógico do sofrimento garantia um clima de fábula a tudo.

Notas técnicas

Quando Rafael me disse que nunca aceitou ou mesmo acreditou na inocência de ninguém, fiquei em dúvida sobre o alcance do que dizia. A palavra inocência, no caso, era um elemento fundamental para entender o que se passava na negociação geral dos valores da família traumatizada. Por inocência, Rafael magicamente relativizava tudo. O fato de ele não aceitar a inocência geral colocava todos como capazes de julgamentos, e mais, humanizava a situação familiar, extraindo da idealização fatos bem pedestres. Confesso que foi a contundência do uso da palavra inocência que me trouxe à tona o valor do *tom vital* na operação de transcriação. E junto vinha-me todo o significado de transcriação. Aliás, pensava na importância absoluta de assumir, de vez, que o processo de transcriação é fundamental e que, ao verter do escrito para o oral, não estamos tratando de uma operação mecânica, atenta aos detalhes "do que foi dito exatamente como aconteceu". O processo de entendimento, para viabilizar a compreensão de uma dada circunstância, impõe dimensões do drama que muitas vezes se abrigam em gestos, silêncios, risos. É isso o que o "autor" tem de saber e desenvolver em termos de sensibilidade. Assim, vale recuperar as definições que sustentam a transcriação como um processo:

Transcrição absoluta: é a passagem completa, com todos os detalhes sonoros, da entrevista gravada para a escrita (inclui: sons de campainhas, barulhos de animais, ruídos em geral).

Transcrição literal: é a passagem de todas as palavras de uma entrevista.

Textualização: é a transcrição trabalhada, integrando as perguntas, estabelecendo a lista das palavras importantes e das expressões básicas das histórias. É nesta fase que é escolhido o tom vital.

Transcriação: é a entrevista trabalhada já em sua fase de apresentação pública. As correções gramaticais, as frases completas, tudo deve estar estabelecido nesta etapa.

As etapas do processo são claras e a obediência às suas fases mostra o papel de cada uma. Não se trata de passar de um estágio para o outro apenas segundo o "bom senso".

Mas as sutilezas da fala, de um modo geral, escondem detalhes que, se revelados, podem ser bastante significativos do sentido geral da história. É assim que o *tom vital* se torna relevante. Achado o *tom vital*, a decifração dos elementos não óbvios de uma fala se organiza de maneira mais lógica, ainda que subjetivamente. O fato da escolha de uma passagem da entrevista como se fora o coração da mensagem como um todo aponta para um critério de seleção do que é vital ou dispensável em uma entrevista.

Uma das questões mais curiosas para quem trabalha com história oral em sentido completo – não apenas usando as gravações como meras entrevistas – diz respeito ao momento em que se acha o *tom vital*. Muitas vezes, no ato da entrevista dá-se a iluminação. Em outros casos, opta-se por fazer várias escolhas, que podem inclusive mudar no correr do tempo. De toda forma, o *tom vital* é básico para uma boa operação textual. É isso, aliás, que consagra a definição de tom vital:

> *Tom vital: É a frase escolhida para ser colocada na introdução da história de vida. Ela serve como guia para a leitura da entrevista, posto que representa uma síntese da moral da narrativa.*

Não escondo admiração quando me deparo com pessoas intimidadas com o processo de transcriação. Mesmo gente que admiro e que tem prática comprovada em trabalho com entrevista se porta fragilmente diante de qualquer debate sobre a passagem do oral para o escrito. E mediante os resultados mais eloqüentes, produzidos pela audácia de quem entende que o que foi falado é mais do que a grafia de palavra por palavra, fica-se em dúvida. Observações como *"mas isso não foi dito deste jeito"*, ou *"essa passagem está fora de lugar"*, ou o que é pior *"você tirou muita coisa"*, deixam-me perplexo. O curioso é que de regra tais pessoas se declaram antipositivistas, mas no trabalho da entrevista querem *"palavra por palavra, tudo como ocorreu realmente"*.

A definição do *tom vital* é fator essencial para essas pessoas entenderem que toda entrevista tem uma mensagem central, subjetiva, e que cabe à sua definição o eixo sobre o qual o tema vital da conversa gira. Há sempre, portanto, muito sobras em uma entrevista. E a finalidade da entrevista não pode ser jamais a "tradução" das palavras ou dos incidentes de percurso do texto. Campainhas que tocam, cães que ladram, cafezinhos servidos, como tantas outras coisas que acontecem durante a fala, mas que não fazem parte da conversa, devem ser abolidos.

Entrevista de Leta
Notas do caderno de campo

Fiz duas gravações com Leta. Durou cerca de duas horas cada uma. Vimo-nos pouco, contudo. Conversamos várias vezes por telefone e tive nela uma espécie de confidente a distância. De todas as pessoas envolvidas no processo, era com quem mais trocava idéias e conferia impressões. Morando muito perto de minha casa e com afinidades expostas, seria de se esperar que nos víssemos mais. Ocorreu, contudo, um pacto silencioso sobre a raridade dos contatos diretos. E foi bom, pois por telefone acho que ela pôde se abrir mais. A voz doce, a sinceridade da moça, o cuidado com as palavras e suas histórias sobre os outros davam-me confiança. Senti-a um pouco como se fosse uma filha e, para o bem ou para o mal, não me esforcei por quebrar essa aura.

Tive a impressão de que Leta foi a pessoa que mais e melhor traduziu para si a história da amiga e sogra. Pelo menos foi a que imediatamente soube se posicionar. E o sofrimento estava exposto. Tentando ajudar, colocando-se ao lado do marido e reconhecendo nele a luta para conquistar um posto de equilíbrio no contexto novo, Leta se assumia mais e mais como mulher e isso se revelava nos comentários gerais. A crítica feita aos modos de educação e de comportamento social de sua classe foi determinante para esclarecer o sentido e o impacto dos acontecimentos tanto na coletividade como no próprio mundo pessoal. Ao dizer que o dia da descoberta do problema lhe foi mais importante do que, inclusive, o nascimento de sua filha, chegou a chocar, mas depois a declaração ganhou lugar na ordem da revisão de vida.

Notas técnicas

Nos dois encontros diretos que tive com Leta, pude perceber a coerência entre ela e a decoração de seu apartamento, sóbria, mas alegre, discreta, e isso me fez pensar outra vez sobre o lugar em que se realizam as entrevistas. Vi novamente o sentido definido para favorecer uma boa gravação:

A CONSTRUÇÃO DO TEXTO   153

A fim de produzir melhores condições para as entrevistas, o local escolhido é fundamental. Deve-se, sempre que possível, deixar o colaborador decidir sobre onde gostaria de gravar o depoimento.

Foi o que eu fiz: ela escolheu o local. As entrevistas de Leta trouxeram-me alguns pontos técnicos de reflexão que merecem cuidados. Tinha claras as consagradas lições, que alertavam que:

Toda narrativa é sempre e inevitavelmente uma construção, elaboração, seleção de fatos e impressões.

E mesmo atendo-me aos fatos e já com condições de medir alguns referenciais como datas, lugares e papéis sociais dos personagens, notava o impacto dos eventos na percepção da moça que conversava comigo. Na realidade, essa entrevista evidenciava que o modo narrativo dela era cheio de impressões que mais do que os fatos, a reflexão sobre os acontecimentos era fundamental. Dividida – nora, esposa e amiga –, Leta mostrava claramente o dilema causado pelo impacto da dor e como isso influenciava no seu discurso. Ela elaborava suas questões pessoais ao longo da exposição. Outra vez me vinha à mente as palavras já fixadas sobre o significado das narrativas:

Portanto, enquanto um discurso em eterna elaboração, a narrativa para a história oral é uma versão dos fatos e não os fatos em si.

E via na história contada por Leta um outro problema: de quem era mesmo a narrativa? Dela? Do marido? Da família? E mesmo sabendo que ela elegera a presença da doença como o momento de divisão de sua trajetória vivencial, mesmo admitindo e estando claro que seu papel pessoal, de mulher, se redefinia naquela situação, o problema de gênero e de classe social se colocava com fator determinante na história. Parece que ela superaria tudo se crescesse naquela dor.

A moderna história oral, por exemplo, delega muito mais atenção ao depoente, dando-lhe direito de veto e censura da própria fala, além de possibilidades mais amplas de participação no andamento da pesquisa. Assim, o narrador assume papel de personagem essencial no projeto e isso implica um jogo de autoridades em que o poder de uso da entrevista não depende apenas do diretor do projeto.

E assim compreendia o sentido do termo "colaboração" em um trabalho de história oral e os conceitos de "atores sociais", "informantes", "objetos de pesquisa" ficavam para trás. E recordava que:

> "Colaborador" é um termo importante na definição do relacionamento entre o entrevistador e o entrevistado. Sobretudo, é fundamental porque estabelece uma relação de compromisso entre as partes.

E isso tornava também relativo o sentido esfriado do termo autoria e entendia melhor que

> Segundo os critérios das antigas práticas de trabalho com entrevistas, a questão da autoria não representava nenhum problema. Para a história oral, contudo, um dos aspectos mais interessantes e polêmicos remete à questão do autor. Basicamente a pergunta que se faz é se o autor é quem contou a história ou o é quem a redigiu, dando-lhe uma solução formal definitiva? Na prática, esse ponto tem complicado muito os pesquisadores, que se perdem ao confundir o trabalho de colaboração na entrevista com a direção compartilhada do projeto.

Entrevista de Dona Marieta
Notas do caderno de campo

É claro que a entrevista tinha de ser na cozinha. E havia uma espécie de acordo tácito que impunha um encontro único. Ela, aliás, era dona de uma fala convicta, digna de uma senhora que demonstrava que, mais do que os outros, tinha o que contar e sabia conduzir a sessão. O domínio da ação era coerente com o papel desempenhado pela senhora na casa. Ela sabia detalhes, tinha uma percepção cuidadosa e diferente de tudo e de todos. Realmente, foi impressionante a importância desse depoimento. Uma primeira lição que anotei é que como alguém encarregada da limpeza e do governo prático da casa, ela mesma parecia se identificar com os espaços e cantos daquele lar. Algo que sempre me chamou bastante atenção é a homologia entre o que se faz, a função social de cada um, e a visão de mundo. Quando ela dizia que cada um tem um jeito de usar a casa e que nem todos conhecem todos os cantos, mostrava um poder estranho. Afinal, ela sabia como cada um usava os espaços e isso era revelador. Ao falar do cuidado com a roupa suja, dona Marieta exibia conhecimentos e detalhes que davam a dimensão de sua presença.

E era bastante inteligente, pois, ao formular sua idéia sobre a casa e os patrões, elaborava uma perspectiva única, uma espécie de teoria da roupa suja ou da roupa lavada. Metáfora estranha esta. Parecia que ao lavar a roupa, reparavam-se as sujeiras, mas, ao mesmo tempo, o desgaste se impunha. Tudo dizia que era isso que ela endereçava ao formular seu discurso cheio de fatos e impressões.

Mas havia também a questão do silêncio. Ao colocar-se no lugar de empregada, todo os segredos que tinha deveriam ser coerentes com sua função subalterna. Mas ao mesmo tempo, ela parecia comandar a criadagem e dessa forma regular o que podiam dizer ou pensar. A rotina dos dias, de anos de trabalho, soava como um prolongamento de certa tradição escravocrata. Suas parentes tinham trabalhado na mesma casa, isso aliado ao paulistanismo da família, fatos sintomáticos da paradoxal dinâmica daquele conjunto.

156 AUGUSTO&LEA

Ao mesmo tempo em que ela melhorava de vida, tinha casa e pretensões de guiar, perpetuava uma situação de dependência que não a permitia sentir-se "da família".

A mais estranha interferência na vida de dona Marieta era a presença das enfermeiras, que teria desorganizado a rotina e significava a necessidade de novo arranjo de poder. E aí suas preferências serviam de guia para sugerir o papel de Rafael.

Dentre tantas sugestões apreendidas por meio do rápido convívio com Marieta, a história da agenda pareceu a mais instigante. Por controlar os hábitos de cada personagem da família, ela notou com sagacidade que o fato de Augusto, tão metódico, não ter cuidado de guardar, como sempre fizera, a agenda, nela estaria a revelação de tudo.

Notas técnicas

Ficou nítido com a participação de dona Marieta que a história oral requer ângulos diferentes que se completam ou mesmo que se contradizem. A rede dos funcionários ou empregados da casa dava uma dimensão nova às conclusões que ganhavam sentido. A nova rede, feita agora com não-familiares, possibilitava uma visão mais completa e mais distanciada do envolvimento afetivo direto. Foi-me possível, com a entrevista de dona Marieta, ver que às vezes, dependendo do colaborador, é possível se aproveitar muito de entrevistas únicas. A espontaneidade, no caso, não se fazia imperiosa e até pelo contrário, o preparo para dar a entrevista ajudou a perceber um discurso arrumado. E nem foi preciso pensar, nesse caso, que naturalidade das lembranças pudessem permitir a superficialidade. Por se tratar de acontecimentos tramados em torno de um acontecimento central, e por ser esse trauma severo na consciência de todos, a fala de dona Marieta colocava em questão alguns pressupostos, como o seguinte:

> Há autores que apenas consideram a memória enquanto fator de análise depois que elas são depuradas por entrevistas múltiplas. Para esses, meras pontas de lembranças, reações imediatas, equivalem à fantasia ou à superficialidade. Outros, contrariamente, preferem operar com a espontaneidade, acreditando que a naturalidade seja atestado da pureza da memória e que, se trabalhadas por estímulos ou exercícios, elas espelham organizações progressivamente mais sofis-

ticadas. Os que advogam uma narrativa armada, ou seja, em que o colaborador tenha tido tempo para se preparar e assim promover uma visão mais organizada da história preferem buscar a definição da consciência do que foi dito. Os outros optam pela naturalidade.

Foi uma só entrevista, mas o discurso estava armado. Pouco ou nada havia de espontâneo nas afirmações de dona Marieta, e isso mexeu com o esquema conceitual que muitas vezes deve prestar atenção ao específico da situação. Duvido que se outros encontros tivesse com essa senhora teria conseguido melhoria nas impressões. Nem precisão nos fatos.

De outra via, dadas as dificuldades de contatos com os demais membros da família, entendia o significado do que chamamos em história oral de *"lei dos rendimentos decrescentes"* e recordava os ensinamentos de Paul Thompson, ao dizer que:

> O número de participantes entrevistados deve obedecer a uma espécie de "lei dos rendimentos decrescentes". Quando os depoimentos começam a se repetir está na hora de parar.

Em verdade, diante da rede familiar, bastava o que tinha. Pouco ou nada seria acrescentado com mais entrevistas. Ante essa nova rede porém, o universo se estendia prometendo mais possibilidades.

Entrevista de Greta
Notas do caderno de campo

Familiarizei-me com Greta, pois até por força dos contatos constantes e dos telefonemas amiudados, estivemos juntos muitas vezes. Confesso que sua atitude profissional me impressionou menos que seu lado doce e gentil. Ainda que ela insistisse em coisas como sua "germanidade" e os preceitos da moderna enfermagem, via nela mais uma menina amedrontada ou uma estudante atenta a fazer boa tese. Mas isso não se evidenciou em nossa relação.

Fiquei bastante surpreso quando constatei que o temperamento de Greta variava conforme a situação clínica de dona Lea. Isso, aliás, me deu a medida da artificialidade da preparação ou treinamento profissional. E em Greta estava visível o conflito entre ser mulher, profissional e estudante de pós-graduação. Era mesmo um caso de "multiplicidade de identidades". Tal fato interessa na medida em que a rede de profissionais cumpriria, no projeto, a função de dar conta do lado clínico. Então, era significativo para mim perceber a interferência do ângulo pessoal no profissional e vice-versa. É lógico que não descartei a inevitável interpenetração de um lado em outro, mas ao tematizar a entrevista interessava mais notar questões que relacionassem os efeitos do tratamento – que no caso estava diretamente ligado à cultura do ódio como forma de terapia de animação – do que propriamente a impressões. Por lógico, não me interessava os aspectos médicos e farmacológicos, pois o trabalho é destinado a outro público de leitores. A entrevista com Greta foi fundamental, pois ela representava um elo precioso entre a conduta médica, a família e os demais participantes do processo. Prevalecendo o lado humano da enfermeira, resta apontar os elementos que permitem o exame do caso em conjunto. Em primeiro lugar a presença de "estranhos" na casa. Isso teria ocasionado uma espécie de desorganização na rotina. Tanto os familiares quanto dos antigos empregados tiveram de se adaptar à presença dos paramédicos. A questão da autoridade se impôs de forma importante. Quem mandava em quê? Quem mandava mais? A intimidade da casa, metaforizada na intimidade da dona da casa, tornou-se um campo de prova. Por delegação profissional, Greta teria a incumbência, mas frente a necessidade, dona Marieta deveria repartir as responsabilidades.

Os contatos mais rotineiros com Greta determinaram uma naturalidade em nossas três gravações. De certa forma, elas foram bem diferentes, pois significavam mais continuidade de falas e informações adquiridas antes do que uma seqüência formal. Sobremaneira fiquei tomado pela narrativa dos objetos biográficos de dona Lea e de como Greta trabalhou com isso. A sensibilidade de Greta ditou as regras da transcriação.

Notas técnicas

As entrevistas com Greta levaram-me a retomar a pertinência dos trabalhos de história oral. Recordando que os preceitos básicos dizem que ela deva acontecer em três situações específicas, ou seja:

1: *quando não existem documentos;*

2: *quando existem versões diferentes da história oficial;*

3: *quando se elabora "outra história".*

Fiquei preocupado com o significado deste trabalho. É lógico que não existem documentos sobre o caso. Eu estava, ao mesmo tempo, elaborando os textos e valendo-me da construção documental para entender o drama geral da família Fonseca. Contudo, ante o problema da existência de versões diferentes da história oficial, vi-me em um vácuo, posto que sem documentos não teria qualquer história, e sem história não caberia pensar na oficialização de qualquer discurso. Mas estaria eu fazendo uma "outra história"? E se também não assumia o rótulo da ficção, que restaria em termos de gênero textual? Mesmo que "foucaultianamente" endossasse os pressupostos da micro-história em que teria de inscrever essa aventura?

Encontrei amparo em algumas frestas abertas pela própria história oral ao dizer que:

Ainda que muitas vezes a produção de depoimentos seja usada como alternativa para preencher vazios documentais ou lacunas de informações e complementar, ou mesmo para articular o diálogo com outras fontes conhecidas, é importante ressaltar que se pode assumi-la isoladamente e partir da análise das narrativas para a observação de aspectos não revelados pela objetividade dos documentos escritos.

E também foi nos preceitos já estabelecidos que entendi que:

A história oral, portanto, pode ser de todos, mas preferencialmente tem sido feita sobre grupos menos contemplados pela história oficial. Paradoxalmente é para a maioria das pessoas que a história oral tem sido elaborada.

Assim, conclui que a história oral que pratico pode servir à História como também pode se valer de recursos da construção antropológica e gerar análises sociológicas, mas, sobretudo, é um recurso capaz de transcender os enquadramentos classificatórios ou disciplinares. Mas como não se pode supor vácuos em matéria de gênero textual, restam duas alternativas: ou se fala de uma nova disciplina ou se apela para o espaço artístico – e daí tantos a alocarem nas variáveis da ficção. Porque esse tipo de história oral trata de casos traumáticos, dramas familiares, situações comovidas, deve-se pensar em textos que contemplem a sensibilidade coletiva sem cair na simplificação da auto-ajuda.

Especificamente, diante do resultado dos contatos com Greta, entendi que:

em história oral, o "grupal", "social" ou "coletivo" não correspondem à soma dos particulares. A observância em relação à pessoa em sua unidade é condição básica para se formular o respeito à experiência individual que justifica o trabalho com o depoimento. Nesse sentido, a história oral é sempre social. Social, sobretudo, porque o indivíduo só se explica na vida comunitária. Daí a necessidade de definição dos ajustes identitários culturais.

A história da família Fonseca construiu-se em torno de um tema central, a desgraça da doença. Por sua força centrífuga reuniu pessoas em torno de si, exigiu reposicionamentos e formulou um enredo comum, compartilhado por uma coletividade que absorve questões históricas – relações de gênero, situações de classes sociais, papéis profissionais e cultura da família – tudo segundo um movimento novo imposto pela aids. Aliás, ela que explica inclusive a presença de Greta.

Entrevista de Martha
Notas do caderno de campo

Foram três encontros com Martha. Dois para gravações e um para a autorização. Em todas as ocasiões, a elegância, os traços finos, os gestos medidos, tudo combinava com o estereótipo esperado de uma senhora da sociedade paulistana. O contraste de tudo vinha por causa da lastimável crítica social que ela fazia a si mesmo e às pares.

Sem despregar a história de Lea de sua própria, a questão do gênero despontou como primordial. Aliás, ela mesma verbalizou esse fato. O paralelo entre as duas vidas e o denominador comum, a "traição", foi o traço definidor dos dilemas de um estamento social que se vê ameaçado. E a primeira dessas ameaças foi a quebra do círculo social. No caso, Lea, ao casar-se com Augusto, abria uma fresta na fechada roda dos protegidos sociais que moravam nas mesmas áreas, freqüentavam os mesmos espaços de lazer e até tiveram filhos na mesma época.

E o depoimento todo soou como um lamento só: defensivo, indignado, doído. Mas a voz de Martha me chamou a atenção, pois em vez de aumentar nos momentos de maior dramaticidade, abaixava. E abaixava a ponto de eu não ouvir. E como chorou durante a primeira entrevista. Foi tanto que não conseguimos completar nada, apesar de demorar mais de duas horas.

Outro aspecto que me pareceu importante e que influenciou a fala de Martha foi o tema do machismo. Desenhando um quadro em que a questão de classe social era sólida para as mulheres, deixava entrever que a quebra das regras estava ameaçada e as mudanças deveriam decorrer de uma transformação do papel da mulher. Mas, em seu caso, a derrubada dos padrões não passaria de uma crítica. E tudo indicava que se mudanças houverem serão motivadas por atos deliberados "de fora", do mundo dos homens. E nesse caso, a aids era uma metáfora perfeita.

A CONSTRUÇÃO DO TEXTO 163

Notas técnicas

A entrevista de Martha traduziu uma dupla possibilidade narrativa. De um lado, alguém que fala de sua classe social, dos recalques e das contradições propostas por uma história. Então, a memória como resultado de um longo processo estaria presente. Na contramão dessa direção, uma mulher, vendo-se vítima de um longo processo, quer se rebelar. Isso permitiu evocar os conceitos de tempo em história oral.

> [...] quando a memória é convocada para projetos que tratam de aspectos da localização dos indivíduos na sociedade, seus enquadramentos são considerados como filtros que conduzem a narrativa das experiências. Assim, pode-se relacionar a existência de setorizações da memória segundo condição de trabalho, saúde, orientação sexual ou outra manifestação que organize a leitura dos fatos relevantes para a vida. Nesse sentido, há, socialmente, uma memória: operária; da elite; de doentes; de mulheres e de homens, entre outras. Antes, porém, é preciso entender as especificidades de cada abordagem segundo o pressuposto da identidade que se quer estudar ou por ela orientar a coleta de depoimentos derivados de versões produzidas pela memória.

Porque a identidade "que se quer estudar" é de gênero e de gênero de uma camada social, fica claro que o filtro dado nessa narrativa é de mulher. Mas a centralização de toda a ação no drama de Lea determinou que as outras histórias se ordenassem segundo aquele centro. É aí, na formulação de um núcleo narrativo comum, que acontece o encontro dos tempos históricos. Assim é válido lembrar que:

> Há, basicamente três tempos nas narrativas de história oral. Geralmente, quando as falas fogem da lógica comum na "linha do tempo", da seqüência cronológica dos fatos, o que se observa é a existência de um tempo remoto, distante, longínquo, que poderíamos chamar de "antigamente" ou "tempo antigo". Um segundo tempo seria o dos acontecimentos centrais e determinantes, que podemos chamar "tempo das mudanças essenciais". O terceiro momento seria o da captação do depoimento, chamado "tempo da narrativa".

No caso de Martha, o antigamente seria o tempo da formulação do papel histórico da mulher da sociedade paulistana. O segundo tempo, dos "acontecimentos", seria o tempo da descoberta do problema de Lea e o terceiro, o da narrativa. E assim ficava claro que:

O "momento da narrativa" é o que presentifica toda a história evocada. Quase sempre, essa fase implica o resultado da articulação lógica dos fatos encadeados no "tempo antigo" e no "tempo dos acontecimentos".

Tudo então se esclarecia.

E agora?

A pretexto de conclusão conciliadora

Lembrando que é para o público que o trabalho de história oral se faz, as partes devem estar empenhadas na clareza dos resultados.

Sim o compromisso com a devolução do texto é uma obrigação de todo oralista que considera seu trabalho além dos interesses teóricos, acadêmicos ou restrito a grupos específicos. Mas – pergunta-se – devolução, em termos amplos, para quem? E assim inverte-se a equação: o público interessado escolherá, na abertura de seus anseios, os textos adequados. Mas há de ter uma materialização adequada do projeto. A fita gravada, o texto passado do oral para o escrito, a organização da exposição, o esclarecimento sobre as circunstâncias das entrevistas e o encaminhamento dos resultados deve se constituir como parte do projeto. E isso qualifica o caráter social dos trabalhos de história oral como, aliás, convém lembrar, já se disse:

> É nesta operação que a história oral se realiza enquanto uma forma democrática de versão de situações sociais que, no mínimo, têm olhares diferentes.

Mas de que situações estamos falando?

No caso, destaca-se um drama familiar, de um grupo da discreta elite paulistana. A vida privada, a intimidade dos fatos, as reações guardadas por pessoas envolvidas na trama é o motivo do projeto. Sua explicitação decorreu da conjunção de um impulso curioso de alguém que queria saber mais dos efeitos de doenças crônicas em um núcleo de relações e o desejo patente de unidades familiares que se viram na contingência de, espontaneamente, contar suas histórias. O conceito de "colaboração", então, se impôs de forma a organizar as relações. Gravadas as entrevistas, trabalhadas por uma parte, as autorizações dimensionaram a validade de superação dos cânones acadêmicos que definia as partes de um projeto como "informantes", "atores sociais", "sujeito ou objetos de pesquisa". A fusão de interesses entre as partes, contudo, não elidiu a "autoria". A direção do projeto não apenas assume os deveres e responsabilidades sobre as situações implicadas nas histórias, mas também, e ao mesmo tempo, articula as partes, decide sobre direções. O segredo da colaboração e autoria é uma chave que abre caminhos feitos de negociação, técnicas, capacidade de convencimento.

E a história é de quem? Dos personagens? Dos colaboradores? Minha? De todos ou de ninguém?

A história é de quem a consumir e é no fechamento deste circuito que se justifica o trabalho do oralista. Porque a história é importante e diz respeito à coletividade, ela pode ser impessoalizada, descaracterizada de traços de identificação. Fala-se da proteção dos envolvidos, mas isso ganha mesmo o contorno de detalhe na medida da centralidade do interesse: revelar situações de efeitos sociais e promover debates, suscitar políticas ou grupos de apoios.

Mas qual o valor científico disso tudo?

Se é ferramenta, técnica, metodologia ou mesmo uma nova disciplina, tudo isso fica reduzido ante o eventual impacto na opinião pública. É para a coletividade que o trabalho se dirige e, assim, exige-se rigor na elaboração. Independentemente de seu estatuto, mais do que nada, a história oral pretende ser pública. Por certo, isso não elimina a possibilidade de ser também elaborada por acadêmicos, mas nesse caso ficam apertadas as roupagens propostas seja pela História, Sociologia, Antropologia, Psicologia ou qualquer outro ramo do conhecimento. A história oral proposta tem duas alternativas; ou se constitui em um saber novo ou ganhará autonomamente a condição de independência. Isso, aliás, tem sido uma ameaça danada, pois aqueles que não se contentam em enquadrar os depoimentos como recurso auxiliar de disciplinas estabelecidas, se vêem na contingência – também incômoda – de a classificarem como ficção. Mas ficção também não é, pois trabalha com referenciais e evidências definidas, e não com a invenção.

Há um limbo para a história oral?

Não, a história oral, no Brasil, já está aclamada. A popularidade e o gosto público conseguido mostram que ela é irreversível. Mas ela ainda está à procura de uma

E AGORA? A PRETEXTO DE CONCLUSÃO CONCILIADORA   169

cara pessoal. A esperança deste trabalho é que seja mais um instrumento em busca de orientação para sua navegabilidade.

E então?

Agora, espera-se que esta experiência seja mais uma forma de contar uma história. Dentro dos limites convenientes, quis mostrar uma "outra história" na qual os fatos evidenciam percepções que traduzem os dilemas da nossa sociedade. Este trabalho chama-se *Augusto e Lea: um caso de (des)amor em tempos modernos,* porque ousou sonhar que é importante contar e que os nossos dias clamam por soluções narrativas diferentes, em coerência com o sentido da modernidade. A história oral, então, apresenta-se como uma saída.

E com a palavra Augusto:

São Paulo, 29 de outubro de 2004

Meu caro amigo,

Faz mais de cinco anos que começamos a conversar e talvez esta tenha sido a mais estranha conversa de toda a minha vida. Também foi a mais sincera e a mais profunda. Quis muito dar meu depoimento e me esforcei bastante para que você escrevesse esta história porque sou daqueles que admitem que até a morte aprendemos com os acontecimentos da vida. E eu gostaria muito que a minha vida, os meus sofrimentos, valessem como forma de ensinamento para alguém. Longe de mim pensar que sou exemplo de alguma coisa, mas o meu sofrimento e a dor que causei a tantos precisam valer para alguma coisa.

Como sabe, venho de uma família de nordestinos. Meus pais fizeram o possível para que eu crescesse bem e fosse alguém na vida.

É possível que tenham feito até demais, pois eu não tive nunca um lugar meu para provar a mim mesmo e aos outros que seria mais do que o sonho de retirantes. Não é pouca coisa ser filho de nordestinos em São Paulo, Rio ou em qualquer outra cidade do sul do país. No meu caso, fui obrigado a esquecer meu passado e tive uma mãe que negava nossa cor, nossa procedência e cultura. Ela queria ser outra e a prova que tinha para tanto era ver eu vencer. Meu pai foi um pobre coitado, morreu de tanto trabalhar e nunca apareceu. Ele foi um mestre-de-obras, mas mestre-de-obras da obra da minha mãe. Ao morrer meu irmão César, tive que assumir sozinho as responsabilidades que seriam repartidas pelos dois. Restava a mim então estudar por dois, ser bom menino por dois, vencer por dois. Ser dois em um, foi meu destino. Não agüentei psicologicamente, mas dei conta do sonho de minha mãe.

Sinceramente, acho que Lea também foi vítima, como eu. O plano de sucesso do pai, de certa forma, colocou-me no projeto dele e porque os seus dois outros filhos, irmãos de Lea, não seriam o que ele esperava, possibilitou o meu casamento com a filha. Nesse sentido, minha sogra foi mais autêntica, não cedeu nunca. Fui ficando rico, mas quanto mais dinheiro eu fazia, mais ficava igual a todos eles: aprendi a fumar, a beber, conversar socialmente, ser engraçado e interessante. Deixei minha religião, minha inocência, meus sentimentos melhores e virei um homem de negócio. Mas o preço disso era alto. A vida de aparências foi tomando conta de mim. E viver de aparência é uma prática que se estende à vida toda, por fora e por dentro da gente.

Foi no embalo da vida de aparência que eu fui me deixando levar. Os meus sentimentos reprimidos, quando eu já estava em condições de assumir responsabilidades econômicas importantes, permitiu-me camuflar experiências que eram resultado de uma educação punitiva, cheia de restrições e cuidados morais. Acho que minha vida dupla era uma vingança de

*minha história pessoal. Vingança de minha mãe, da sociedade, da
experiência de alguém que apesar de ter vencido profissionalmente
nunca foi aceito por inteiro.*

*Eu, no começo, gostei da relação secreta que mantinha com
outro homem. Gostei porque era um segredo meu, acho que foi a coisa
mais pessoal que tive. Logo isso degenerou, infelizmente. E desde então
entrei em uma roda-viva danada. Vivi outra clandestinidade. E confesso
que sofria muito com essa vida dupla. A situação na qual entrei era
sem volta. E eu fui infantilmente envolvido e sem preparo acabei me
contaminando. Sempre houve um outro lado da questão. Por mais
promiscuo que fosse, nunca quis envolver ninguém. Era a minha
vida que eu queria levar. As maiores dificuldades e os medos que
tinha eram relativos à minha identificação e à exposição de minha
família. Fui aprendendo a lidar com os problemas e poderia dizer que
consegui até uma naturalidade neste campo.*

*Com a revelação da doença, logicamente passei por novo
tormento psicológico. Reduzi as amizades que não eram recomendadas
e passei a ser mais cuidadoso comigo e com os outros. Mas era um
suplício viver aquela vida entre extremos. A Lea era a última pessoa
que eu gostaria de ferir. E foi a primeira. Isso me fez sofrer muito.*

*Desde o começo, fui pressionado pelos médicos a contar,
a ter uma saída. Todos os dias, todos os momentos, pensava em
me abrir. Ensaiava, me comprometia, jurava que ia fazer, mas não
conseguia. Entrava mês, saía mês, os anos passavam e nada. Como
não tinha sexo com Lea, achava que tudo estava sob controle. E
estava até aqueles dias na fazenda. Creio que é fácil qualquer pessoa
adivinhar o que passei depois daquele período. E quando via que ela
estava com sintomas da doença, fui ficando mais desesperado. Foi
quando voltei à religião.*

Sempre mantive bom acompanhamento médico e isso foi fundamental para a minha saúde. Nunca deixei de tomar os remédios e mantive cuidados como parar de fumar, cuidar mais dos alimentos. A Lea nunca foi de extravagâncias, mas não tomava o coquetel porque nem sabia que estava doente. Na medida em que a pressão do meu médico e do analista aumentava, tive que arranjar um jeito para revelar tudo. A saída foi a história da agenda. Tive que assumir tudo e hoje tenho o desprezo de quase todos.

É difícil avaliar o que significa isso para alguém como eu. Sei que todos me culpam, e eu também me puno bastante pelas minhas fraquezas. Como não posso voltar atrás e como não tenho como assumir o sofrimento dos outros, tudo que posso fazer é viver discretamente, longe de todos, esperando que um dia eles me compreendam e me perdoem no que devo ser perdoado. Acho que fui punido com o desfecho da separação e com a divisão dos bens. Saí da firma, ainda que tenha ficado confortavelmente em termos econômicos, mas devo lembrar que dei os melhores anos de minha vida para a empresa. Lea morreu, os filhos se distanciaram de mim e aquela casa é como um desenho que dia a dia fica mais pálido. Saiba que apesar de tudo estou bem.

Agradeço seu esforço, paciência e dedicação. Espero que esta história sirva para algumas pessoas. Sinto-me mais leve agora.

Saudações especiais

Augusto Fonseca
(nome fictício)

O autor

José Carlos Sebe B. Meihy é professor titular aposentado do Departamento de História da USP e Coordenador do Núcleo de Estudos em História Oral (NEHO - USP) e um dos introdutores da moderna História Oral no Brasil. Criador de uma metodologia própria de condução de História Oral, seus trabalhos são considerados fundamentais por estabelecer elos entre a narrativa acadêmica e o público em geral. Suas pesquisas combinam temas do "tempo presente" com estudos sobre identidade e memória. Centrando sua atenção à "história oral de vida" tem sido convidado para cursos e eventos acadêmicos em diversas partes do mundo. Seus principais trabalhos no campo da relação sociedade-oralidade abordam questões ligadas aos índios Kaiowás, modos de estrangeiros verem o Brasil (brasilianistas), universo dos favelados paulistas da década de 1960 e ponto de vista dos brasileiros que na atualidade deixam o país. É também consultor histórico de novelas de televisão.

no site da Editora Contexto

para receber

nosso boletim eletrônico

"Circulando o saber"

na sua área de interesse.

www.editoracontexto.com.br

HISTÓRIA , LÍNGUA PORTUGUESA, JORNALISMO
TURISMO, EDUCAÇÃO, GEOGRAFIA e ECONOMIA

PROMOVENDO A CIRCULAÇÃO DO SABER

GRÁFICA PAYM
Tel. (011) 4392-3344
paym@terra.com.br